华
理
廿
忆

# 华理廿忆

朱姝 著

華東理工大學出版社
EAST CHINA UNIVERSITY OF SCIENCE AND TECHNOLOGY PRESS
·上海·

001 清平乐·华理廿忆

那年相送，泪水丝绢弄。
谁料光阴轻转动，一恍青春如梦。
十月金桂芙蓉，梅陇醉酒腮红。
勤奋求实与共，万千往事随风。

——杨剑明
华东理工大学 93 级校友

谨以此书

献给华东理工大学!

《华理廿忆》从“一场精彩的毕业晚会”开篇，到毕业时“执手相看泪眼，竟无语凝噎”的送别结束。廿忆包含了华理校园的每个角落和一草一木。作者朱姝是我大学四年同窗，也是挚友，作为华理的学生（本科、硕士、博士都是在华理完成的），以及在华理工作二十年的老师，想来华理的文化与精神、一草一木都深深地刻在了她的心底，融进了她的血脉，她已与华理融为一体，一切都与她息息相关。虽然我与华理也有浓厚的情感，但和她相比则浅薄得多了。

《华理廿忆》是朱姝为纪念毕业二十周年所写，她以女性特有的细腻、婉约的笔端介绍了大学生活的点点滴滴。通篇都是娓娓道来，如叙家常，却引人入胜。字里行间都渗透着一种喜悦，既是对二十年前大学快乐生活的追忆，又是对即将到来的二十周年返校相聚的喜悦期盼。廿忆也打开了我尘封已久的记忆，从廿忆中每个人都会找到自己情感的印痕。感谢朱姝让我们永远记住那段美好的时光。

江南才女特有的敏感、圆润亲和以及深厚的文字功底，让华理在严谨学术氛围下变得活泼又有风情，感叹她每一忆的细节都记得如此清晰，包括那一个个既熟悉又陌生的名字，忆文既体现了作者欣赏和理解的深刻，又能体现出真实的精彩。

记得大学期间，朱姝同学的笔记就是商学院的一宝，考试前夕她的笔记复印本基本做到人手一份。今天看到《华理廿忆》，我想以后它应该作为华理招生的宣传手册，是最好不过了，相信她会变成华理的网红。

花开花落，多少回忆都化作了文字，当唤起的记忆重新回放的时候，就有了这万般思绪。《华理廿忆》让我们悠然回到了指点江山激昂文字的青春时代。

廿年，廿忆，愿岁月静好，你我不老，归来仍是少年。

很荣幸为《华理廿忆》作序。

# 目录

# 毕业晚会

公元一九九七年
九十届毕业生
李仲维

后来，我一直想，四年的时光，说长不长，说短不短，越往后再回头看，也许只是弹指一瞬间，但很多一瞬间，当时不经意，过后再想，却是永远，无可替代。

那是一场迄今为止被喻为“空前绝后”的毕业晚会。尽管与现在的舞美技术、电子 LED 屏、灯光无法相比，但在我心中，它的精彩绝伦是任何一场晚会都无法比拟的。我想，在我们 97 届同学的心中也是无法超越的。

96 年初夏的时候，我们在大礼堂观看了 96 届学长们的“风雨无阻”毕业晚会。当周华健的歌声响起，学长们一个个哽咽。倒是我们，伤感的同时却是暗自下定决心一定要“整一台精彩的毕业晚会”。

好像自然而然地，97 年开春的时候，以老焦为首的各个学院的文艺骨干们就被民间组织起来成立了毕业晚会筹备组。老焦当仁不让地担任总导演，他的铁哥们儿老刘自然是文本撰写担当。几次会议下来，晚会的节目单也大致确定。无非歌、舞、小品，其中商学院的演职人员占一半以上。我本以为自己会是理所当然的女主持，谁曾想，老焦说，我们的主持是简单串场，所有节目全部以串词、音乐、访谈自然过渡。(厉害吧？那可是 1997 年！)

歌曲的跨度从儿时的童谣到当时的校园民谣，还有那些经久不衰的经典的爱情歌曲，分别以独唱、对唱、小组唱、串烧的形式呈现；舞蹈有曼妙的民族舞，也有激情四溢的斗牛士舞；小品都是原创，原汁原味地再现了大学四年的学习与生活。

晚会的筹备冗长，却又有条不紊。从一开始的每两周一次例会到之后的每周例会再到后来，几乎每晚自修结束后，我们都会习惯地来到学校东门一食堂附近的练功房碰头（我至今没有搞明白那间房子的用途，好像这栋房子重新装修过，现在还在，不知为何用）。练功房里阔大空敞，占据整整一面墙的大镜子里映射着筹备组、演员组、编导组每个人忙碌的身影。

那个时候，网络尚未普及。所有的文字、舞美、录音都需要我们亲力亲为。我在《大礼堂》一文中曾略微提及老刘的脚本撰写与老焦的录音，可谓是煞费苦心。其实不光他们俩，筹备组的每个人都很投入。随着预定的公演日期的临近，黄梅天如约来临，潮湿、闷热的空气里夹杂着难以言明的焦灼。几个月的朝夕相处，有一些莫名的情绪也在滋生。

暮春的一个夜晚，结束了争吵一番的例会后，众人各自散去。峰云靠在练功栏杆边，歪着脑袋，微醺中低语："真是快分别了呢。知道吗，我算了算，我们这一级有 4 个人物哦。"未及我询问，又自顾自地说，"老刁是传奇，你是传说，阿岚是奇迹，馨儿是故事。"言罢，闭上眼睛，再不管我们一拨人的连声询问，不再言语，所以我到现在仍然没有搞明白。

倒是那一晚，知晓了“传奇”与“奇迹”间的万般纠结。老刁是我们这一届理所当然的学神级人物，其GPA估计在全校也是无人能企及的。大四的时候，早早就被清华大学订下，继续深造。阿岚是我们学院女神级的“学霸”，毫无悬念地保送本校研究生。前因我们不清楚，等我们觉察的时候，阿岚正为日后三年的两地分别而暗自神伤。那个时候，没有E-mail，没有QQ，更别说微信。那时候能够联络的方式也只有电话与书信了。后来的后来，阿岚的脸庞在忧伤了一段时间后日益明亮起来。再后来，听说，老刁继续在清华保持他的霸主地位。研究生毕业后，这对“双奇”恋人纷纷赴美攻博，成就了一段比翼双飞的神话。现在，他俩已在美国定居，在大洋彼岸继续着他们的神奇。

用老焦的话来说，我担纲主演的压轴小品“寄托了97届所有毕业生的心愿”。我深感责任之重大，每日准时到练功房报到，认真排练，在排练中对剧本进行打磨、润色。最初和我搭档的男生是机械学院的，人高马大，沉默少语，典型的理工男。我是属于典型的“脸盲”，排练了三四次后才后知后觉，发现每次开排后，总会有一陌生女生不请自来，坐在一旁目不转睛地观看排练。而只要这个女生一出现，咱们的男主立马就慌了神，不是忘了词，就是错了动作，语调也僵硬起来。历时将近一个月，排练仍毫无进展停滞不前。我和男主素昧平生，想来他是老焦亲自挑选的，应该不会出错，也不好意思发问，只得每日将深深的挫败感闷在心里。积压到某日之后，我终于忍无可忍，向焦导提出了疑问。老焦和男主出去了一会儿，回来后告诉我说，换角，男主还是由我一贯的搭档欧阳来扮演。事后我才知道，那位女生是男主的女朋友。这样，一切都真相了。

和欧阳的排练一如既往地顺利。毕竟，我和欧阳在基础部的时候就开始搭档，从“五四”的爱国情侣到现代的年轻 couple，因为是同班同学，我们对彼此都很熟悉，演起来也得心应手。只可惜每回小品里两人的结局总是凄凄惨惨戚戚，就连最后的公演小品也是以朦胧的欲语还休只留一个背影结尾。也难怪毕业临别时，欧阳在进机场前，给了我一个 warm hug，然后心满意足地说：“总算圆满了！”

日子就这样一天一天地过去，等到梅雨淅淅沥沥地来过又离开，等到校园里的爱情从盛开到凋零，等到栀子花浓郁的香气覆盖了整座校园，1997 年 6 月 19 日夜晚如期而至。

那一天，大礼堂里座无虚席。我记得帷幕拉开，段莹、辛卡她们穿 T 恤、背带裤，闲适地靠着背景板席地而坐。音乐声响起，《听妈妈讲那过去的事情》的旋律开始飘荡。轻吟浅唱，思绪在一首首怀旧歌中被带回到过去的岁月。当项知廉弹着吉他哼着民谣；当追光灯下，台上台下的男女深情对唱《当爱已成往事》；当奔放的西班牙舞曲响起，大红色的裙摆在舞台上飞旋……四年的时光，一幕幕，就那般毫无预兆地在眼前浮现。

后来，我一直想，四年的时光，说长不长说短不短，往后再回头看，也许只是弹指一瞬间。很多一瞬间，当时不经意，过后再想，却是永远，无可替代。越想越割舍不下，想要重回，想要留住，这渐渐成了一种执念，也成了一种磨人的幸福。时光如梭，流年似水，那些被岁月渲染过的情怀，终究停留在了记忆深处。

晚会参演人员

当年的毕业晚会海报

晚会总导演、
秀旦

女生小组唱演出照

留言　　　　毕业晚会

太阳转身

20 年前的今晚，我们以一台《在我们青春的纪念册上》告别母校；20 年后的今天，又一批商院小朋友作别母校；梅雨季节如约而至，华理不留白，青春不散场。

刘韬

T 恤，看着眼熟。

陶儿

当时没录视频留念吗？只记得当时热血沸腾了好几天。

哆啦

那件白底蓝字的 T 恤，原来这么有年代感。

天天开心

你们那年的毕业纪念衫还是我参与做的！（偷笑）

| 太阳转身

哇，很经典的衣服诶，我还保留至今呐！（调皮）

清欢

老照片里一张张熟悉的脸。（抱抱）

远人

年轻的背影未曾见，想必给人的印记是极深刻的：光柱下的背影区别着周边的暗色，牵引着离别的情绪……

大礼堂

大礼堂

更多的时候，大礼堂安安静静地坐落在樟树路尽头，绿树掩映，阳光穿透枝丫，一片斑驳。桂花洒落一地，空气中淡淡地漂浮着若有若无的香气。那些流逝的如水年华啊，一片静好。

只能从校史资料中看到大礼堂初建时的样子，据说1958年的时候就拆除了，在原址上新建的大礼堂就是现在大礼堂的原型，朝向也改为坐北朝南。

我们读书的时候，大礼堂是没有回廊的，简单的木制窗户，有点像郊区的供销社的店铺门面的窗户。入学报到的时候，用毛笔或是黑色粗水笔写着专业名称的打印纸，用普通的报夹夹着，挂在细细的塑料绳上。抬头在熙熙攘攘的人群中找到自己的专业，递上录取通知书，再从老师手中接过饭票等。这是我对大学的初印象，喧闹，有些像赶集。后来选修第二课堂课程时，也是在大礼堂。也是像入学报到时那样，每个科目写在纸上挂着，每个人远远看着，选择自己心仪的老师和课程，然后排队，填选课单。我记得那时选了礼仪，授课的老师都是彼时校园里的“金花”们。主讲李老师似乎特别喜欢我，也许因为我的名字，她总说看到我就想起小猪露露，汗。有一节课，我甚至被李老师抓上讲台当了一把“魔豆”，一节课的时间化了生平第一次的新娘妆，臊红了脸。

那一年的开学典礼，当时的校长陈敏恒意气风发，说，交大怎样？复旦怎样？去掉一个最高分，去掉一个最低分，其余的都一样。这句话在那个年代，不知鼓舞了多少人！陈校长尤为强调“合格＋特色”，所以那个时候，华化的二专是格外红火的。陈校长的教育理念放至今日，也还是超前的啊。

那个时候，大礼堂是学生活动的集结地。思想学术节、文化艺术节，每每总是座无虚席，沸沸扬扬，礼堂立柱旁边的辅座上、窗台上挤满了人。那时的座位都是如街心花园里那般的木制长椅。我们坐在长椅上见过了当时沪上甚至全国的各类名人。记得歌手李泉在大礼堂演绎他的新歌的时候，正唱到“你慢慢走吧”一句，配之以一个挥手，只听得场下“噗通”一声巨响，原来是身旁的一位学长踩穿了木长椅，连带着周围的几个哥们儿一起掉了下去，引得立在窗台上的人群一阵哄笑，很巧合地应景。台上演员莫名，也只是瞬间，又继续唱开去，“优雅不带任何惋惜”。

那个时候，我也曾经无数次踩着高跟，穿着长裙，主持着大大小小的活动。记得第一次出场的时候，从幕布后钻出，猛然惊觉全场一片黑暗，只有一束耀眼的追光打在身上，登时把台词忘得一干二净，愣是想不起一个字。好在还算淡定，竟然能够即兴扯上一大段，搭档是当时的金牌主持学长，不露声色为我补台，等说完开场白回到后台听着台下的掌声，两人面面相觑，擦掉脑门上的冷汗。后来和当时沪上知名晨间音乐节目主持人合作的时候，他忍无可忍，最终说下次与你一起合作可否穿平底鞋？

我还记得老焦在舞台上用他低沉沙哑的音色诵读诗歌，结束的时候，模仿小马哥的经典镜头，掏出打火机，跳蹿的火苗烧掉了手上的稿纸。台下一片尖叫沸腾，老焦理所当然地夺得头筹。可惜我一时兴奋，将获奖证书上的名字写成了老熊。后来为了弥补这个过失，在那场迄今为止好多人都认为“空前绝后”的全校毕业晚会上，我应邀担任晚会压轴小品的女主角。老焦意味深长半骗半吓地说，之所以选你，是因为我们想给学校留下一个我们93级最美的背影。我在心里腹诽：美你个头啊，台下没一个男生是我男朋友啊。不过那场晚会真的很炫，因为每个人无论专业、学院，从那年3月起的每一天都在很用心地准备。好像从演员到幕后，有一半以上的演职人员都是商学院的，所以彼时我们在校园里是很扬眉吐气的。晚会上的串词撰写人老刘，为了写出荡气回肠的文字，愣是废寝忘食将《王朔文集》看得滚瓜烂熟倒背如流，烂熟于心的结果就是那文字现今回想起来，仍是铭心镂骨记忆犹新。那个时候，没有网络，为了配音，老焦抱着录音机，猫在火车站，只为了录下火车进站那一瞬间。我不知道那晚我的背影是不是最美，只知晓那夜，1997年6月19日，星期四，毕业生宿舍楼前、大礼堂前、操场上，倒了一地的啤酒瓶，唱了一夜的歌，栀子花的氤氲里夹杂着离愁别绪的轻轻的呜咽。后来工作后，一次遇见某位校领导，看了我半天，突然说，你就是那个最美的背影吧？我心想老焦真够能胡掰的，怪不得能够创意出那个举国上下让人又爱又恨的广告片儿。那场晚会当时录了一盒卡带留念，毕业后相当长的一段时间里，它陪我度过了很多寂寞孤独的时光，每每听着总会忍不住落泪。

那个时候，大礼堂最大的功能就是放电影。我依然记得那时我们可以很自豪地以 2 元的价格比市场超前看上中影引进的大片；还可以花 2 元在周末通宵一口气看完小马哥的《英雄本色》，记得那天的月亮很亮，月光穿透大礼堂的窗棂洒在身上。后来闺蜜悄悄告诉我说，其实那个坐在她身边的心仪的男孩子一直握着她的手。言罢一脸的娇羞。我搂着她，促狭地捉弄着她，看她白皙的脸庞逐渐泛红，脑里却是回味着那个帅气的男生对我说："是闺蜜又怎样？别看她看电影的时候一直和你说话，可是她和我握着手呢！"言罢一脸的嘚瑟。现在想来，是多么青涩、单纯、赤裸裸的恋爱宣示啊。不知道现在早已分开的两人，可否还会在月色里想起那部电影、那曾经紧扣的手？

会在周一的时候，把周三周五周六周日的所有电影买全，在大礼堂里混得昏天黑地；然后也会因为学生会开会或者导师召见无法看电影而提前站在检票口腼腆又理直气壮地将手中的电影票原价转手。好像不经意间就成了电影控。还记得那一年《泰坦尼克号》上映，起来晨读路过大礼堂，见长长的队伍一直排到了奋进路。彼时的亲民票价加上超前上映，竞争力远超市内各家影院，吸引了无数观众，甚至校外人员，包括很多毕业的校友。大礼堂第一次卖出了 5 元的“高价”。等我吸着鼻子，红着眼睛，从大礼堂出来时，脑中一直盘旋着《My heart will go on》。

工作后，蒙燕玲“厚爱”，和绯绯曾经一度长期霸占大礼堂 13 排 1 号 2 号座，那是礼堂前方区域与中部的分割排，视觉效果最佳。如今，那些陪着我看电影的人儿都已天各一方，不知大家是否还记得当年的快乐与美好？

50 周年校庆的时候，大礼堂进行了修葺，换掉了原先的木制椅子，取而代之的就是今天的沙发椅，增加了回廊。不过，因 2007 年奉贤校区的启用，大礼堂也逐渐安静下来。现如今，也只有在每年毕业季的时候，才会看到礼堂布置得美轮美奂，一群又一群的学子，身着学士服，头戴学士帽，喜气洋洋，排着整齐的队伍依次入场，一脸的雀跃与憧憬。

更多的时候，大礼堂安安静静地坐落在桑榆路尽头，绿树掩映，阳光穿透枝丫，一片斑驳。桂花洒落一地，空气中淡淡地漂浮着若有若无的香气。那些流逝的如水年华啊，一片静好。

旧时的大礼堂
（历史资料）

欢庄的大礼堂化妆间

岁月无声却未必无情，

聚散合分，笑闹悲静，

记忆里的时光无论建筑的变迁，

镌刻深深，

已然陈酿一般历久醇香。

2017毕业典礼现场布置

留言 大礼堂

郭老师

老革命论大礼堂!

开心豆爸爸

这是你写的吗？看得我好生怀念，又无比庆幸那年毕业晚会我也参与其中。老焦、啤酒、瓜子、苦笑，都是那晚的记忆!

开心豆爸爸

又看了一遍，那张照片一出来，我就泪奔了！原来我们当年的大礼堂，现在看来如古迹般古老，可又偏偏最爱是它。如今的它红火时髦，却完全不是那个感觉！你提及的李泉、踩断椅子、那些电影，我都记忆犹新，原来当时我们都在现场啊！（握手）那两盘磁带我应该也有，可惜估计都放不出来了。（哭）

绯绯

又随着你优美的文笔回到了那个激情燃烧的年代！（玫瑰）你是个心思细腻温婉的江南美女，我可能是念了个假华理，记忆几乎都随时间散去了。（哭）再出本书吧，关于华理，关于匆匆的那些随青春一起逝去的岁月。如果有那一天，我一定买上一打，请你签名送给那些都曾经在华理一起挥洒过青春的同学们。（鼓掌）

Elaine Shen

在这个大礼堂，我度过了我的童年，少年乃至一直大学毕业（偷笑）那一年，泰坦尼克上演时，我还带了外婆去看（哭），至今为止，泰坦尼克和英雄本色应该是放映次数最多的两个经典作品。

# 红烧肉

友谊餐厅

二十年过去了，不知道如今的93级的校友们，可还记得当年浓油赤酱、咸中带甜、肥中带精的味道？二十年的岁月，我早已从豆蔻年华的小姑娘，逐步步入中年，青春不再，可是依然记得当年的美味，连同华理的文化与精神，点点滴滴，深深地刻在了心底，融进了血脉。

我曾经在朋友圈里摘抄南宋词人史浩的《采莲（衮）》：“有珍馔，时时馈。滑甘丰腻。紫芝荧煌，嫩菊秀媚。贮玛瑙琥珀精器。延年益寿莫拟。人间烹饪徒费。休说龙肝凤髓。动妙乐、仙音鼎沸。玉箫清，瑶瑟美。龙笛脆。杂还飞鸾，花裀上、趁拍红牙，馀韵悠扬，竟海变桑田未止。”老大说：没文化，真可怕，看不懂。我说，那是描述美味佳肴的。嗨，要是没感觉，就想想华理的红烧肉。登时跟帖无数，掀起一股“肉潮”。相信所有的华理校友都会对红烧肉念念不忘。

红烧肉做得最好的当属二食堂，也就是今天的友谊餐厅。应恩德老师祖籍江苏无锡，曾经在《消费者行为》课上，提及华理红烧肉，评论说：“可与无锡陆稿荐肉骨头相媲美。”我们在教室里半信半疑，终于央得风华儿、亚菁回趟老家带了新鲜出锅的无锡排骨回来尝鲜，亲自验证了应老师的评价。

那时候的红烧肉块大汁多。红烧肉的祖师爷是后勤的生宝林师傅，早已退居幕后轻易不出手。现在红烧肉的掌勺大厨是一食堂的何民杰师傅。据说制作华理红烧肉的过程十分复杂。我悄悄问胡主任有没有办法搞到，结果何师傅写了洋洋洒洒一页纸，细致详尽，而让我惊奇慨叹的是何师傅那一手飘逸的钢笔字。

做红烧肉最好采用五花肉，配上茴香、桂皮、葱结、姜块、五香粉、胡椒粉、白砂糖、老抽酱油等调料，还有一样最令人叫绝，那就是蜂蜜。先将茴香、桂皮用温水浸泡待用，蜂蜜加冷水稀释待用，五花肉切成100g左右方块待用。锅内烧水至沸，将肉入锅断生，出锅用冷水冲凉。原锅洗净入油，把浸泡好的茴香、桂皮放入煸香，入葱、姜再炒，炒至香味溢出倒入冲凉后的方肉再炒，直至锅内水分呈乳白色，放黄酒再炒，加白砂糖、盐炒至起糖色，放老抽酱油炒匀，烧开加水淹没肉块即可。等锅内水烧开就放茴香粉、胡椒粉，尝一下味道，加盖开小火烧约一小时左右，改用大火收汁。这里的火候要掌握好，收汁到方肉快要出油而没有出油之时淋入稀释开的蜂蜜再开小火烧开，关火焖十五分钟即可出锅。这一番功夫下来，红烧肉不好吃才怪！

2011年12月，学校后勤代表队凭借华理红烧肉，一举夺得了上海校园系列“十大美食”评选的一等奖以及最具分量的“最佳口感奖”，从色、香、味、意、形、养等方面得到了专家评审团与大众评审团的一致认可。自此，红烧肉成为华理校园的招牌美食，获得官方认可，在上海高校中有着极高的口碑。现在在百度上，可以自动跳出来“华理红烧肉”，还上了百度百科、维基百科。甚至有中学生发帖说“我是高三理科生，一直听说华理红烧肉很好吃，所以我想考华理”。所以学校食堂在保证每天正常的饭菜供应基础上，为满足需要，还要完成每天2千多块红烧肉的烹饪。

2012年08级商学院本科生在毕业典礼上评选出四年的校园“七宗最”，其中的“最美味”当之无愧地评给了红烧肉。小朋友们特意给何师傅送了一块大匾，上书“天下第一红烧肉”。这也开启了华理校园在每年毕业季的时候，演绎一曲“舌尖上的送别”：向每名毕业生派送一块红烧肉。让每位学子尝一口校园经典味道再作别母校。今年6月毕业季的时候，连“看看新闻”等媒体都闻风而动，用大篇幅报道了华理的毕业礼物——红烧肉。不知道这下子会吸引多少新生啊？反正跟帖里一片艳羡，说那是“别人家的肉”！

2016年，华理药学院首任院长、现任中国科学院上海药物研究所所长蒋华良研究员用化学反应研究红烧肉，撰写了《红烧肉中的美拉德反应》，并将该文制成了有趣的二维动画，获中国科学院十大优秀科普微视频奖项。我想，蒋教授在观看央视节目后产生的写作灵感应该有部分是源自华理的红烧肉吧？如是，那华理红烧肉又登上了学术的台阶，可谓是高大上的肉肉了。

# 获得科普奖的华理红烧肉

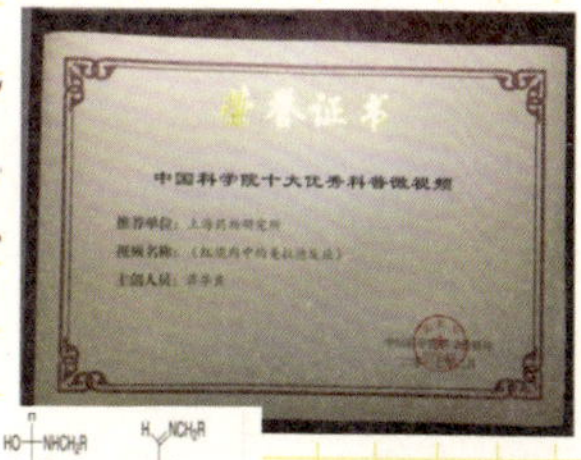


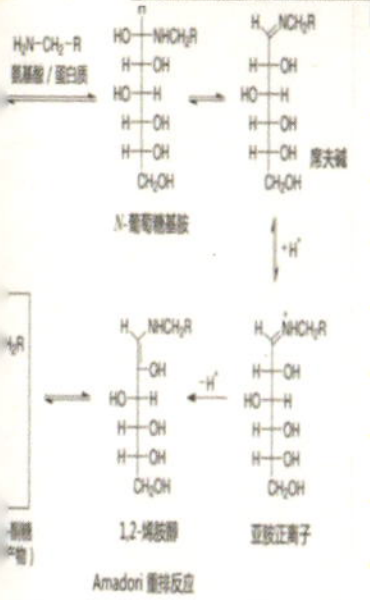

1912年法国化学家L.C.Maillard发现氨基酸或蛋白质与葡萄糖混合加热时形成褐色的物质。后来人们发现氨基酸或蛋白质能与很多糖反应，这类反应不仅影响食品的颜色，而且对食品的香味也有重要作用，人们将此反应称为美拉德（Maillard）反应或非酶褐变（nonenzymatic browning）反应。只要温度不高，如做红烧肉，这种反应产生的褐色物质无毒，且香气扑鼻，色泽诱人，是红烧肉、红烧鱼等成为美食的功臣。

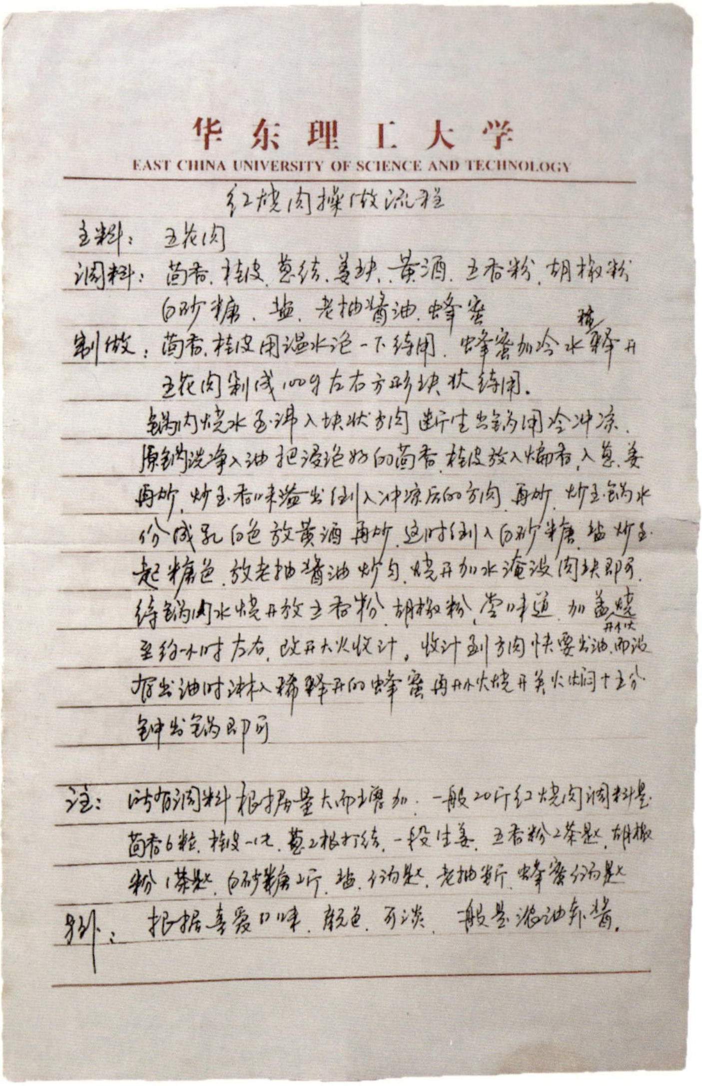

华东理工大学
EAST CHINA UNIVERSITY OF SCIENCE AND TECHNOLOGY

红烧肉操作流程

主料：五花肉

调料：茴香、桂皮、葱结、姜块、黄酒、五香粉、胡椒粉
白砂糖、盐、老抽酱油、蜂蜜

制作：茴香、桂皮用温水泡一下待用。蜂蜜加冷水稀释开
五花肉割成100g左右方形块状待用。
锅内烧水至沸入块状方肉，断生出锅用冷水冲凉。
原锅洗净入油把浸泡好的茴香、桂皮放入爆香，入葱、姜
再炒，炒至香味溢出倒入冲凉后的方肉再炒，炒至锅水
分成乳白色放黄酒再炒。这时倒入白砂糖、盐炒至
起糖色，放老抽酱油炒匀，烧开加水淹没肉块即可。
待锅内水烧开放五香粉、胡椒粉，尝味道，加盖开小火烧
至约1小时左右，改开大火收汁。收汁到方肉快要出油，而没
有出油时淋入稀释开的蜂蜜再开小火烧开关火焖十五分
钟出锅即可

注：所有调料根据量大而增加。一般20斤红烧肉调料量：
茴香6粒、桂皮一块、葱2根打结、一段生姜、五香粉2茶匙、胡椒
粉1茶匙、白砂糖2斤、盐3汤匙、老抽半斤、蜂蜜3汤匙

补：根据喜爱口味，颜色可淡，一般是浓油赤酱。

何师傅亲笔书写的红烧肉操作流程

现在的红烧肉作为华理的标签早已蜚声校园内外，历年的高校美食节评比中总是独占鳌头。徐汇校区和奉贤校区的每家食堂都供应红烧肉。土豆网上改编自《双截棍》的红烧肉之歌“哼哼哈兮，快来华理食堂！哼哼哈兮，快来吃红烧肉！”的视频浏览量也过万。每年校友、退休教工返校，毫无例外地总会点一份红烧肉。甚至有校外小区人员端着饭盒慕名而来，学校甚至一度限量供应，每人一次最多购买两块。那也得趁食堂一开张就去，十分钟之后，就只能叹气了。

二十年过去了，不知道如今的93级的校友们，可还记得当年浓油赤酱、咸中带甜、肥中带精的味道？二十年的岁月，我早已从豆蔻年华的小姑娘，逐步步入中年，青春不再，可是依然记得当年的美味，连同华理的文化与精神，点点滴滴，深深地刻在了心底，融进了血脉。

常思量，
二食堂，
味醇汁浓，
红烧肉正香。

商学院2012届本科毕业典礼上，
学生们给红烧肉的掌勺师傅送匾

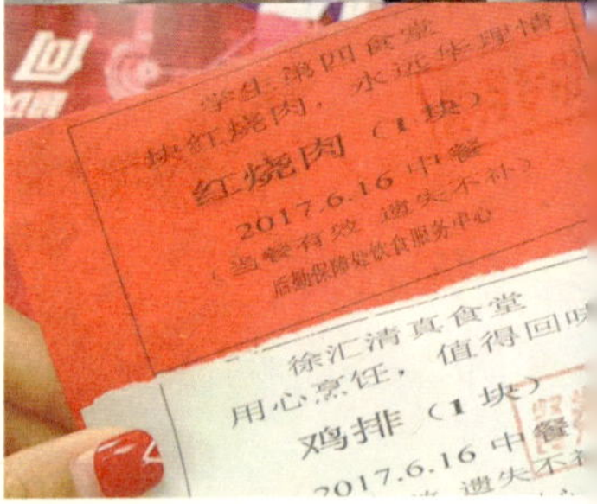


毕业季的红烧肉

如今高挂在
桃李园教工餐厅的大匾

留言 红烧肉

蕾蕾
最怀念当时华理南京路上的辣肉面。(口水)

晓龙
华理的红烧肉我吃过多次，真心不错！（赞赞赞）

Liminh
我们念书时叫肉排。除此之外，还有小排、大排、走油肉。我更喜欢吃大排。(龇牙)

Dhao
肉排师傅退休后就再没有啦。

风云
其实最好吃的是四食堂隔壁教工食堂的软排。红烧肉出名是由于学生缺油水，在尝到肥肉后那种惊为天人的巅峰体验导致的。

老大
走油肉好吃，不过那时候什么都好吃。(微笑)

文骥
我有一次吃了三份!

开心豆爸爸
九月归校要尝尝。

May
绝对是招牌。

天岳
都忘了是几食堂的了，不知道啥时候能回去一次，就等07届毕业十周年聚会了。

# 华狸食堂

今天，完成了一年一度的搬迁，又一群淘气的孩子们回到了校园。我看他们放下行李就迫不及待地奔向各个食堂。我想，若干年后，他们也一定会如我这般，难以忘却华理的味道。

和奉贤校区相比，徐汇校区可谓是美食天堂。记得二十年前，当时的华理拥有五家食堂，还有高知、华友、华林、桃李园等数家知名餐厅以及清真食堂。记得当时我在交大的高中同学，不辞辛苦，每周末一大清早坐车从闵行校区出发，历时两个多小时，就为了能在华理食堂美美地吃上早、中、晚三顿。

一食堂坐落在校园东门，主要目标客户群为东边宿舍区的男生们。所以一食堂最大的特点就是量足。在一食堂出没的女生很少，大都为陪伴男朋友。我猜是不是担心被外界揣测为饭量大？大一暑假，我留校复习备考，得以在一食堂混了一个月。也许是因为假期，学生寥寥，我也没有感受到量足的特色。每每吃好饭打好水，从食堂走回宿舍，感觉消耗已尽。偶尔点一两道小炒，不知道是不是天热味蕾罢工，总觉得每种炒菜的口味都是一样的。我都怀疑是不是吃到了假一食堂？

现在的一食堂，是著名的笑缘美食广场。除了基本的窗口以外，食堂东片区和西南片区都是各地的特色小吃，从吉祥馄饨到热干面，还有铁板饭和黄焖鸡米饭，等等。中午的时候，食者众。我经常和办公室小伙伴儿们流连于水煮鱼窗口，果果倒是执着于黄焖鸡米饭整整一个学期，

如今的一食堂

友谊餐厅

甚至巴望着我哪天再出差，这样就可以“拿着饭卡直接去美食广场”了。不过据说过完今年的暑假，一食堂就要进入大修了，倒是期待着它的华丽转身。

二食堂实际上就是今天的友谊餐厅。友谊的招牌菜就是华理红烧肉。《红烧肉》一文推出，朋友圈里给我的留言最多的就是：啥时回来请我吃红烧肉，顺带看看你？读书的时候，友谊是高级餐厅的代名词，可以点桌头菜。我记得第一次评比奖学金，一宿舍的妹子们或多或少都有些进账，遂趁周末，一屋子人浩浩荡荡“杀”向友谊，准备豪情万丈奢侈一把好好犒劳一下自己。结果还是被当时的菜价吓了一跳，感觉一点也不“友谊”。战战兢兢点了几个家常菜，边点边在脑中盘算。下单的服务员立在我们桌边，不明意味地笑。后来，友谊的功能逐渐向招待餐厅偏移，我也渐渐“走过路过就是错过”。多年后，友谊餐厅进行了彻底翻修，成了现在的样子，选角度拍摄的话，会拍出典型的塔司干式罗马柱，一派欧式范儿。最初的时候是有些不适应的。我记得郭老师当时在课堂上谈及此，痛心疾首，反复念叨“怎么变成这个样子”，我猜想，他执着的还是心底的某种怀旧情怀吧？

更多的时候，我们女生基本混迹于三食堂。为了适应女生的口味特征，三食堂的饭菜都比较清淡。当然，量也符合女生特点。印象中，从三食堂正门进去，左手边是面条专窗，拉面、盖浇面应有尽有。冬天的时候，吃上一碗热乎乎的牛肉面，从舌尖暖到了心底。这排窗口还有一个专卖炸猪排的，1.2 元一块。炸得金黄透酥的猪排，大小足以盖住一个小搪瓷饭盆。毕业的时候，猪排已经涨到了 2.1 元，但我还是喜欢 2 两米饭加猪排，配一份炒青菜，总觉得有家的味道。北边是一溜的窗口，按照菜价分为低档、中档和高档。低档菜窗口每份定价不超过 0.5 元，中档是 1.0 元，1.2 元以上的就是高档菜了。低档菜的菜式以素菜为主，青菜、豆腐、海带丝等，爽口，绝对不会因价低而打了折扣；中档菜以小荤为主；高档菜的菜式花头稍多于前两个窗口，可以有响亮的名字：菠萝咕老肉、宫保鸡丁、鱼香肉丝……我最喜欢糖醋鱼，尽管一直到现在都没弄清那是什么鱼，应该是 2.5 元一条。妈妈后来说，那次和同事一起来宿舍看我，恰是饭点，一宿舍的女生人手一条鱼，每人捧一个饭盆，鱼、饭混合，七个如花似玉的小姑娘吃得不亦乐乎，大人们看得却是一脸嫌弃。

早晨的时候，各个窗口会推出丰盛的早点，以稀饭、豆浆、馒头、包子为主。一般一毛五的稀饭加一毛钱酱菜，配一个包子，俨然人间美味。夏天来临的时候，女生们会在早餐时候多买一个咸鸭蛋，晚上开水泡饭咸鸭蛋，也是热天的一种享受。

三食堂的二楼我很少去，印象中大二的中秋节，我们班在那儿办了一个活动——包饺子。像我这种只会吃不会做的南方人，只能眼巴巴地看着小猫、长缨、老大他们娴熟地和面、拌馅儿、擀皮子……

90 年代中期，促销派送逐渐兴起。每次有派送的时候，促销员们往往会首选三食堂，从消费心理的角度而言，女性消费者可能更为感性，更易诱惑吧？多数情况下，促销员会立在三食堂的正门，凡是就餐的同学都可以领到一份试验装。可是，他们不知道三食堂还有一扇东门啊。所以，那次派送雀巢咖啡，讲好一人一袋，仅限一次，在正门口领取，我和小伙伴们端着饭盆，不断变换着搭档，从正门进东门出，忙活了一中午，领足了咖啡。

印象中三食堂在当年还有一个窗口，是专门供应生日面的。我记得那时每到开学，每位同学都会领到一张生日面的券，上面写着班级、姓名、学号、生日以及“欢迎在生日当天前往三食堂用餐”！

现在的三食堂修整一新，是徐汇校区营业时间最长的食堂，每天从上午十点开到晚上十点。极大地方便了想吃

如今的三食堂

brunch 的、实习晚归的，还有因为实验错过饭点的师生，几乎是随到随点随做随吃。这样一想，做个华理人真的是很幸福啊！现在一到饭点，校园里角角落落的师生都默契地直奔二楼，那里是新开的美食广场。从烧烤到奶茶铺子，牛肉粉丝汤到铁板烧，从河南烩面到重庆小面，菜饭骨头汤到麻辣香锅，最神奇的是，竟然把风靡梅陇地段数年之久的老北京饺子馆也“圈”了进来。记得饺子馆第一天开张的时候，还没到饭点，队伍就排到了门外，晚上七点不到，老板说连面粉都没了，足见当时盛况。老板在原来虹梅路店址的门口贴了一张告示：搬迁至华理三食堂。看着那些慕名而来的顾客悻悻折返，我们则骄傲地呼朋唤友：“走，去三食堂吃饺子去！”

宿舍区最西边是十五舍和十六舍，这是两栋男生宿舍。十六舍南边就是四食堂。比之其他三所食堂，四食堂可谓是袖珍。但我始终认为，四食堂的口味是最能抓住人的胃的。它融合了全国各地的特色小吃，每每到饭点总是人满为患。与一食堂几乎清一色的男生，三食堂几乎清一色的女生不同，四食堂里永远人头攒动，会听到妹子糯糯的吴侬软语：“把吾一只肉馒头”，也有西北汉子浑厚的低音：“给我拿俩馍。”我跟着自律大队的程大队长蹭小炒，吃上了不比校外酒楼差的各色菜肴，价廉物美。我执着地无论人多人少，坚持排第 2 个窗口，精诚所至，金石为开，打菜的帅哥总算认识了我，每每买偏爱的粉蒸排骨，我的碗里都会比别人多一块。（嘘！秘密。）

四食堂二楼卖各色小吃。夏天的时候，还有绿豆汤供应。如今已是某大保险公司老总的张学长，当年以看手相为名，哄我和大侠各自买了两碗冰冻绿豆汤给他。也不知一口气喝四碗的结果是什么，反正之后张学长表示了很大的忏悔。

学校有专门为清真饮食习惯的师生开设的清真食堂，不对外开放。每每路过，总是好奇里面的菜肴究竟是什么味道？后来嗲嗲和晓娜过生日的时候，和食堂的阿姨打好招呼，带我进去吃了一次。那碗牛肉土豆盖浇面的量和味道令我回味至今。那个时候，在清真食堂吃饭的同学可以很幸运地和学校里的几位名师共进午餐晚餐。我记得黑恩成老师总是骑着他的自行车，笃悠悠地去清真食堂。如今黑老师已经是国家级教学名师，可是每每在清真食堂门口遇见他，还是 20 多年前的感觉。

教工食堂名义上是为教工开设，实际上也对学生开

如今的四食堂

清真餐厅

如今的教工食堂

放。尤其每天早晨，迎宾路上，早餐铺子沿街一溜儿排开，各色小吃眼花缭乱。那时的豆花 9 分钱一碗，“豆花西施”麻利地装碗，白嫩嫩的豆花在碗里轻轻晃动，撒上榨菜末、肉末、酱油，根据个人口味添加辣油。喜欢吃甜的还可以要上一份甜豆花。买完豆花，旁边就是粢饭铺。一勺糯米，夹一根刚炸出来的金黄的油条，撒一勺砂糖，装在保鲜袋里一压，扎扎实实的一份早点。还有千层饼、方糕、糍饭糕……那个时候在这里会经常遇到学院的老师。比如郭老师就会牵着她闺女的手，轻声问道：“想吃啥？”然后按照闺女的示意买好早饭递到她手上，那眼里的宠溺让在一旁排队的我们目瞪口呆：这还是那位清冷严厉的系主任吗？还记得彼时的运筹学钱老师，掏出百元大钞买一碗豆花，被“豆花西施”以找不开冷冷拒绝，我们在一旁嘻嘻哈哈，调侃着“老师好有票票哦”，一边摸出一枚一毛硬币，潇洒地请老师喝一碗豆花。

教工食堂内的窗口一般供应清粥小菜，现下的面条、馄饨。我尤其偏爱小馄饨。只见阿姨左手拿起一张馄饨皮，右手用小勺挑一口肉末，迅速放到皮子上，一折一捏，眨眼工夫，一个小馄饨就诞生了。大锅里水已沸腾，一个个小馄饨在水中雀跃，上下起伏。差不多的时候，加适量冷水再煮，渐渐地，看见红色的肉馅透过薄薄的皮子显露出来，淡淡的粉色。馄饨尾的皮子呈透明状，带着制作时的褶皱，在水里散开，像金鱼的尾巴，轻柔、灵动。等馄饨都浮起来，阿姨拿出碗，放入撕碎的紫菜、斩碎的榨菜末，还有虾皮，舀一勺熬好的骨头汤，将小馄饨盛进碗，再撒一把碧绿的葱花，香气扑鼻。用小勺舀一个馄饨入口，鲜美的汤汁立刻充盈了整个口腔，唇齿间满是肉的香味，心里是一种无以言表的幸福与满足感。

有一次胃口大开，和风华儿流连在各个铺位前无从选择，我俩相视而笑，决定敞开吃。我们买了无数品种。好巧不巧，竟然在食堂里遇见了赵班长。他只买了一碗豆花加一个饼，坐在我俩对面安静地等我们吃完。刚喝完豆花，就听旁边馄饨阿姨喊：“妹妹，小馄饨好了。”我讪讪地上前取货，待得馄饨吃完，风华儿又从餐桌的抽屉里拿出了烧饼。我惦记着还在抽屉里的我的油条，心里暗暗催促：你快走啊，油条凉了就不好吃了！赵班长一脸惊悚，我猜彼时他的内心一定是凌乱得无以复加。时隔 20 年，不知赵班长可还记得当年的俩吃货姑娘？

每天下午四点开始，教工食堂的点心铺子又开张，多以北方的面食、大饼为主。我和风华儿经常在课后溜达过去，顺带买一张饼，和做饼师傅聊一聊他们的家乡，家乡的特色美食。

校园里，吃饭的地儿中最神秘的莫过于高知餐厅。顾名思义，就是高级知识分子就餐的地儿，只有副高以上职称的老师才可以进去。多少次我们从教工食堂出来，徘徊在高知门外，从门缝里看里面，安静、宽松的就餐环境，让我们艳羡不已。后来临毕业的时候，高知也已经向全体师生开放了。

那个时候，高知餐厅隔壁是一家小小的鸡粥店，专卖上海特色白斩鸡，还有鸡粥和鸡汤面。妈妈每次来看我，我总会拖着她去鸡粥店，要四分之一只鸡靠腿，一人一碗鸡粥或者鸡汤面。我还会要一瓶七喜，玻璃瓶的，在等待的时候，叼着吸管，嗞溜嗞溜地喝个痛快。现在这里是烤鱼店了。

华林餐厅在教工食堂东边，以面点出名。它的包子、烧卖都要比食堂贵 1 毛到 2 毛。可是买者众，因为好吃。那个时候，每到上午 9: 30，各个食堂、餐厅都会派 2 名员工卖早点，他们骑着一辆三轮车，车上是一笼一笼冒着热气的早点。车子会停在四教与三教之间的迎宾路上，靠近小桥，车把上高高插着食堂的牌子。员工一人收费一人装袋，极大地方便了晚起没有吃早饭的学生。印象中，华林的车子总是最先空荡起来，买到血糯米红枣粥的同学一脸幸福。现在的华林，由“好爷叔”经营，他家的早餐营养又丰盛，还会给每位老师每单优惠一元钱。每次在路口远远看见好爷叔，他都会热情地招呼：“过来吃饭啊！”

三食堂旁边有一家桃李园，是专门卖盖浇饭的。读书时候几乎没有踏足其中，倒是工作后，跟着绯绯、真真，在水房打完水，进桃李园打饭，然后左手饭盆右手水壶地一路回宿舍。如今的桃李园，是徐汇校区的西餐厅。

华友餐厅在一食堂旁边，其地理位置也就决定了食客多为男生。华友的小炒有名，据说最好吃的是香葱跑蛋。我第一次去华友，还是何镇长从家乡宰了一头羊，做成了镇江闻名的特色蜜汁羊肉装在瓦罐里，火车一路抱回来，邀全班去打牙祭。我们一帮人齐聚一堂，点了一桌子家常菜，男生们还叫上了啤酒。饭至一半，男生那边突然一阵骚动，继而鼓掌、欢呼，细一打听，方知我们崇拜的老大终于确定了交往对象，我们有了“大嫂”。那一餐饭，我们吃得尽情尽心，满心满脑的同学情谊。

再一次去华友，倒是97年毕业后了。我担任班导师的班级学生撒娇要我和他们聚聚，于是定了华友。姑娘小伙儿纷纷向我敬酒，看着他们的笑颜不觉就回想起读书时节的种种，顿时豪气万丈来者不拒。据说后来，有小伙儿“挂”了，我仍灿若春花甜美微笑温柔向大家告别，步伐坚定地走回宿舍。从此，他们对我佩服不已，而其实彼时我脑中浮现的都是大学四年美好的片段。他们不知道，那夜回去后，我在灯下倚窗望月，潸然泪下：独自窗前思渺然，月光如水水如天。同来望月人何处？风景依稀似去年。

对母校食堂的怀念，
从未改变，
还是坐在老位子，
轻轻咀嚼，
静静回味。

如今的华林餐厅

桃李园夜景

华友餐厅

留言 华理食堂

风云

爱奥尼柱式。塔司干没凹槽的。三食堂最壮观的是热水瓶，水房就在隔壁，泡水搭子漫天漫地，各拎一瓶的是学友，拎两瓶的是男友，拎三瓶四瓶的是工友。当年吃饭都是用的校名搪瓷盆。偶有饭卡老头借饭卡。四食堂免费汤里会放很多蔬菜，有时还有肉，默默给很多同学提供了尊严。

志成

好文笔啊，感觉还是个学生。

May

我是失忆了，还是读了个假华理?（抓狂）

小耳朵

三食堂二楼现在可好吃了，(机智)比如鱼片面。

飘来荡去

确实想去尝尝红烧肉。

有而不居

一二三四五食堂、教工高知和华林，品尝各自风格后，基本定格在晨园。

| 太阳转身

我们那时的晨园，是高级宾馆，只有桌头菜。

Jianming

那时候男生最喜欢坐三食堂朝东的位子，因为在那个角度，可以看清每一个进食堂的女孩。(偷笑)女生要是想去看帅哥，一般都会去四食堂。

十含

10

昨天又路过十舍，这栋老楼记载了我的大学生活，物在人未还，岁月依然保持着它的温度。

十舍还在，只不过现在似乎成为宿舍管理科了，仅仅是一楼西边的几间房间还在使用，其余的应该都空关着吧。这栋楼，是当年我们93级女生的宿舍楼。

很古老的一栋楼了。我去问校史馆的陆馆长，十舍始建于1959年。记得入学的时候，同宿舍女生的妈妈也是华理校友（那时应该叫华化），看到我们的宿舍，用糯糯的吴语说了一句："妹妹，侬住的是妈妈那个辰光的宿舍楼诶。"

十舍很小，是校园里最矮的一栋宿舍楼，只有三层，典型的红砖木质结构。推开暗红色的房门，两边的墙边各有两张铁质高低床。地板上的红漆已经开始剥落，露出原木的颜色，经常走动的区域，地面明显光滑。窗棂也是木质的，雪白的窗帘在微风中摇曳，一缕阳光穿透，射向室内某一个角落。偶尔的午后，也曾慵懒地倚床临窗发呆，桌前的玻璃杯里，茶叶在沉浮，茶香四溢，微醺的风吹乱了一头长发。我想阿缨一定是在这样的意境里才给我们全班同学每人写了一首含着自己名字的藏头诗吧？

我是没有办法在宿舍里如此民国风的，我的房间是十舍一楼最西边的一间，127室。和其余的房间比起来，可能是因为最末的房间，在空间上显得有些逼仄。一楼的窗户都用铁条封起来了，普通的水泥地面。六月梅雨季节里，地面返潮，一直湿答答的，会让人心烦意乱，感觉整个人都是湿气重重抽刀断水般的愁。窗户只有正常的三分之二大小，不过在西墙上还有一扇窗，但多半是关着的，行李床挡去了西边的光线。大三那年，在大连海运学习航海的高中同学，从马六甲海峡实习归来路过上海，跑到华理找我。因为颜值颇高，属于典型帅哥，楼上的女生纷纷戴着平日里课堂上才用的眼镜找着各种借口蜂拥至127室。我用了全世界最愚笨的方法，让小方帅哥帮忙去三食堂的水房打水。一宿舍6个人，一个人两个热水瓶，12个热水瓶陆陆续续从窗户的铁栏间递进来，大大地满足了一众女生的窥视欲望。方帅哥对我宿舍的印象有两点：一是好小，和他们在海边的宿舍比起来，简直是“巴士底狱”；还有一个就是，华理的女生都好用功，因为“每个人都是近视眼”。

2014年初夏，我和庆升去十舍探望当时无偿献血的女生，从楼上下来，怀旧的心情促使我折向127室。敲了半天门，里面的女生打开一条缝，竟然以为我是从奉贤校区提前回本部踩点的学妹，好心安慰我说：“没事的，小是小了点，不过只住一年啦。”我哭笑不得，待得庆升告知我们的身份，女孩尖叫一声捂住脸：“哎呀！老师呀老师呀！”我独自站在门前，看着拥挤不堪的宿舍，回想当年。

想起那年上海高温，酷热难耐，全校停课避暑。白天我们在伊人河边闲逛，奢望着能够抓住那一丝凉风，奈何火轮高吐，徒然之后不得不在夜幕降临的时候回到闷热的宿舍。不通风夹杂着西晒太阳的淫威，小小的房间像蒸笼一般，海天云蒸般，椅席炙手，不能动，汗出如浆，浑身的粘腻与燥热。熄灯号响过之后，实在扛不住瞌睡虫的侵袭，无奈地爬上床。凉席已经不能称之为凉席，温温热热黏黏腻腻，蒸腾着暑气，赫赫炎炎。极度困倦中迷迷糊糊睡去，复又热醒，几次三番，第二天醒来，一席的汗渍，头发全都湿了，一绺一绺粘在额头。

想起 1996 年 7 月初的地震之夜。晚上七点多正在教室自修，忽然天摇地动，以为是前排男生在抖腿，正按捺不住鼓足勇气想去理论时，幡然醒悟："地震了！"且不说教室里校园内众生相，单表我们一宿舍女生在校园中溜达了一晚上最终在校方确认安全后回到 127 室。毫无睡意，纠结于半夜的安全。班上男生特意从十五舍打来电话，告知将空啤酒瓶倒放在桌角，一旦再次震动，瓶子就会倒地摔碎惊醒梦中人。那一夜的酒瓶子究竟从何而来，我倒真的记不清了，也记不清那夜究竟是熟睡还是警醒，反正是唯一的一次开着房门睡觉，反正最终没有余震。

想起毕业前的某晚，有外来不速之客不怀好意躲在楼角偷窥。同班女生不露声色跑到值班室，让阿姨关掉整栋楼的灯，借着路灯看清坏人的面貌，然后镇定地给保卫处报警。待得保卫老师在校园里围堵嫌疑分子时，风华儿一马当先，充分捍卫了她四年校园女子短跑冠军的尊严，协同保卫老师在大礼堂附近将人擒获。后来陪风华儿去保卫处录口供时，才知道嫌疑人竟然是上海某区某足球队的前锋。我对于进了保卫处还录口供夜不能寐耿耿于怀，风华儿倒是一脸坦然劝慰我说，大学四年，不是每个人都能去趟保卫处的，而且还是作为正义一方，我们也算是圆满了。更圆满的是，毕业后的风华儿竟然顺利成了一名英勇的人民警察，代号 007！

住在一楼最不堪其扰的就是一大清早就会有恋爱中的男生跑来扯着嗓子喊女朋友的名字，然后欢欢喜喜地一起早餐上课去，尤其是周末的清晨！也捣蛋过几回，等男生一喊，我们就躲在屋里回答“早走了”，屋外的人静默，黯然离去。不知道当事人现在能不能看到我的文字？我之所以能够坦然地写下这段，是因为我知道当年我们恶作剧的对象如今可是恩恩爱爱和如琴瑟。我以为只有我们住一楼的才会有机会捣乱，等工作后和绯绯一交流，才知道原来每次窗口有帅帅的学弟路过，那传来的口哨声就是住在楼上的她们的“杰作”。

因为在一楼，班级男生有什么事情也就习惯到我们窗口喊一声，比如开学初的发新书。记得那次，海泳、广新他们在窗外叫着 127，我们一屋子人正拉着窗帘躲在里面敷面膜。各种颜色的面膜掩盖了原先的脸庞，我们大眼瞪小眼，谁也不肯撩起窗帘，害怕惊吓了窗外的男生，只能隔着窗帘对话。男生们不得其解，渐渐有些不耐烦。万般无奈之下，众人推举我亮相，理由是，因为我敷的是“透明面膜”。天晓得，那亮晶晶的面膜敷在脸上，不知道当我掀起窗帘的那一瞬间，广新他们是怎样的心情！这是我唯一一次在和同学的对话中，闪闪烁烁、支支吾吾、口不能张、眼不敢抬，恨不能马上结束对话。也不知，现在的张总、蒋总是否还记得当年我含糊不清的口齿与僵硬发亮的面孔？

十舍前面是九舍，九舍前面是八舍，这三栋楼是当时学校仅有的女生宿舍楼。每天晚上熄灯前，楼前的道路两边，站满了依依惜别的恋爱男女，后来有好事者就将这三条路称作“吻别一路”“吻别二路”和“吻别三路”。记得当年某人和他女朋友腻歪的时候，每晚都在三路前上演送眼流眉情深大戏，还专挑门房灯光照得见的正当口！好几次晚自修归来，蓦一抬头，两人相依相偎，某人紧紧抱着美人儿，将女朋友的脸蛋使劲儿往怀里揣，自己却是一脸正经地面朝大路，遇上熟人，还能镇静自若，偶尔挤一挤眼睛，递上一个鬼脸。

十舍在我们读书的时候其实大修过一次，很惨痛的记忆。1996年的9月2日，新学期报到前夜，因为三楼某位同学的违章用电，一场大火吞噬了十舍西边二楼和三楼的六间房，连带提前返校同学尚未来得及存到银行的现金、艺设专业同学三年的艺术作品、为进入大四实习而精心准备的职业装均付之一炬。我们一楼的房间因为救火龙头的大力喷洒，全部水淹，等我们返校开门，一屋子的水倾门而泄，墙上已有青苔，还有几只蛐蛐儿在叫唤。我们后来在其他宿舍借住了快两个月方才回到重新粉刷修缮的房间。我后来每每用此案例和学生们语重心长讲述安全用电的时候，看他们亮闪闪的眼神，捉摸不透。

不过，十舍给我留下的大多还是温馨的回忆。

比如阿冬和她老公。阿冬是我们的宿管阿姨，湖南人。那个时候，她的女儿阿靖才三岁，我们还经常帮她到“小红花”接女儿。阿冬的老公就是校园里著名的修鞋专家孟师傅，绍兴人，我叫了他二十多年的“阿靖爸爸”。那时候，逢周末，阿冬也会烧一桌子湖南菜或者绍兴菜，叫我们去她家打打牙祭。据男生们反映，阿冬对前往十舍撩妹的或意图撩妹的男生分类相待：凡是合她眼缘、喜欢的，阿冬会主动关心，仔细盘问，甚至会热心地帮着推荐妹子；至于不喜欢的，哼哼，不说也罢。（我没有向阿冬求证过，也不知这段是否属实。）现如今阿靖的儿子都三岁了，阿冬在家含饴弄孙，阿靖爸爸仍然是校园里的知名修鞋老法师。每每路过，他都会掏出手机给我看外孙的视频。

比如，毕业前的那个晚上，我们班的全体男生幡然醒悟，集体来到十舍楼下，弹着吉他献唱。据说足足吼了一个多小时，从《吻别》唱到《阿莲》。可惜我们没有灵犀，那晚我们女生都集体开溜出去嗨皮了。倒是对面九舍的学妹们艳羡不已，放弃自习，和学长们大呼小叫，遥相呼应。

我是最后一个离开十舍的，风华儿比我早一天，临走交给我的信封粘得牢牢的，再三叮嘱我回到家后再看。我立在三路尽头，看宿管的阿姨们再次检查完宿舍，然后关门，锁上沉沉的大锁。别了，我的大学生活，心头蓦地一哽。到家后我打开风华儿的信，看得我泪如雨下泣不成声，脑海中却是夏夜里，她独自一人挑灯疾书的样子。月光泄了一屋。

现如今，偶尔也会在正午的阳光下，散步到十舍，喂一喂那几只肥猫，驻足，凝视 127 室的窗户，透过玻璃，似乎又看到当年。今日的风景，让我们怀想过去，而怀想过去的我们，不经意间，亦是成为今日的风景吧？

十舍墙角的猫咪

西南角

十舍

当年的
127室窗外

掌握消防知

通往二楼的楼梯

十舍水房

# 坎上的十舍走廊

留言 十舍

境远
经常路遇曾经的自己。(赞)

未来
物在人未远，特别美。

阿缨
毕业前男生在十舍楼底下的那场突如其来的浪漫至今想来仍觉难以置信，桥的主题曲改编到底是谁的手笔？(偷笑)

蕾蕾
真好！(赞)

焦焦
(抱抱)

华龙
勾起往事万千。您被误认为是学生那段比较传神，因为我们见到您时，也是这样认为的。(偷笑)

蓉儿
当年我住十舍 312。(调皮)

绯绯
渐行渐远的大学时光……我们都老了，开始回忆往事了。(偷笑)

留言　　十舍

清欢

十舍，十舍 127 的你，还有那些校园时光，都从文字里走了出来，朱朱，想你了。(抱抱)

| 太阳转身

(抱抱)我后面的文字里，多数是你(偷笑)

| 清欢

我以为忘了的，都一一在回来(玫瑰)期待!

开心豆爸爸

1. 怎么能记得如此清晰？所有的细节！好庆幸那时没怎么得罪你，不然您这记忆，细思极恐。(偷笑)

2. 被学生错认为是学妹，这是红果果的炫耀！鉴定完毕!

3. 我也是宿舍最后一个走的，我把所有能带走的都带走了，比如 6 个热水瓶，还有几个脸盆等，只因为舍不得，想多留些念想儿！最后关门前我看着空荡荡的宿舍，过往的一切在眼前流淌，百感交集。所以你的文字，我太有感触了，不由泪目!

西 行知路 东
W Xingzhi Rd. E

# 华理的路

西 行知路 东
W Xingzhi Rd. E

最美不过行知路，
极目眺，梧桐树，
贞干修直绿满目。
风摇叶动，斑驳光影，
正是迷人处。

东隅還望翠榆暮，
勤奋求实砺觉悟。
试问华理道几许？
纵横驰骋，纳新吐故，
共迈梅陇步。

华理徐汇校区占地868.8亩，从校内地图上看，有名称的道路大大小小一共13条，东西走向5条，南北走向8条。

读书的时候，这些道路是没有路名的。好像是在1994年，学校在全校范围内征集路名。后来，就看到一块块路牌立在了校园里。南北向的8条道路分别是：东隅路、桑榆路、攀登路、勤奋路、求实路、图书馆路、团结一路、团结二路；东西向的5条道路为：行知路、迎宾路、园丁路、寒梅路、奋进路。行知路最长，从东门到大操场，贯穿整个校园东西；奋进路最短，不到百米。

用现在的话来说，我是典型的“宅女”，除了每天的教室、宿舍、食堂三点一线，几乎未曾在校园里闲逛，因而对华理的路的了解也仅限于每日里经过的几条。

东西走向最著名、最美丽的道路是从东门进来的那条梧桐道，叫作行知路。这是沪上不多的长达近千米的梧桐道。春天的时候，几场春雨过后，褐色的枝丫上似乎一夜之间就探出了一颗颗嫩绿色的小脑袋，毛茸茸的，带着些许羞涩打量着大千世界。渐渐地，米粒大小的嫩芽慢慢舒展开，绽放出嫩绿色的手掌状的叶片。阳光晴好，叶片疯一般地伸展，到四月里的时候，差不多已是满树葱茏，叶片也渐变成了深绿色。阳光穿透树叶的缝隙，在水泥路上洒下斑驳的光影。夏天是梧桐最为繁茂的时节，梧桐叶郁郁葱葱，层层叠叠，遮挡住烈日的暴晒。这个时候从东门进校，抬眼望去，绿荫如盖，遮天蔽日，总给人一种深邃悠远的感觉，烦躁的心会一下子安静下来。耳边只听得夏蝉悠扬婉转的歌声。“斜日更穿帘幕，微凉渐入梧桐。”秋天来临，梧桐叶逐渐泛黄，阳光照在树叶上，金灿灿的摄人心魄的美。秋风起，梧桐叶打着旋儿从树上飘落，落一地金黄，很想学一学古人，“秋庭不扫携藤杖，闲蹋梧桐黄叶行”。上海的冬天很短，却有着其明显的海派特征，阴冷、潮湿。梧桐叶几乎已经掉光，只留下光秃秃的枝干，执拗地向空中伸展。冬季的时候从东门进入，透过梧桐树的枝丫，可以看到远远的天空，那是一种如同水墨山水的清冷、宁静。我常常在课堂上跟学生们说，心烦意乱的时候，去行知路走一走吧，你会平和很多。2013 年我受命为商学院拍摄院庆视频时，央鲁导用大型摇臂摄像机，让小朋友们踩着自行车远远骑来。绿叶摇曳，阳光正好，年轻的脸庞，恣意的笑容。车轮驶过，留一地笑声。镜头在这里定格，梧桐道也在我心里永远定格。

从东门进来，过产业楼和实验十楼，便是东隅路。在学校西边，大礼堂西侧，还有一条与之遥相呼应的桑榆路。我想这两条路名应该是取自光武帝刘秀的《劳冯异诏》吧——“始虽垂翅回溪，终能奋翼渑池。可谓失之东隅，收之桑榆。”指在某处先有所失，在另一处终有所得。现在比喻在某一面失败了，但在另一面取得胜利。这是不是校方对我们的某种期许呢？就是不要畏惧失败，只要坚持，就一定能够成功。

大礼堂东边的南北方向道路为现今的勤奋路，其实在我们读书的时候它有一个响亮的别名：南京路。之所以称之为南京路，是因为彼时那是华理校园内最热闹的一条路，其核心路段就是从八舍、五舍路口一直到实验十三楼西边路口为止。

短短差不多百米的路段，却云集了数家商铺，涉及电讯、礼品、餐饮、杂货等各个门类。每日里，每家店铺从上午九、十点钟开门迎客，到晚间歇业，门庭若市，光顾的同学络绎不绝。尤其是中午、傍晚饭点，或是晚上九点左右下自习时，四、五米宽的道路上人头攒动，两旁店铺里灯火通明，恍若置身于真正的十里南京路。记得大一时有一次陪同学从八院看病打车回来，小夏利开到实验十三楼时，朱盛很认真地指挥师傅靠边停车说：“师傅，就开到这儿吧，前面是我们学校的南京路，很堵的。”师傅很认真地望了望前方，回了一句：“嘎闹忙！”

从宿舍区出来，南京路上第一家店，其实也不能说是店，它实际上是学校为方便同学而开设的一家电话电报亭。那个时候，没有手机，没有网络，与家人、朋友的联络绝大多数依靠书信。所以那时候，班级里掌管信箱钥匙的同学很是吃香。但是，书信还是慢啊！实在想得紧了，就会跑到电话电报亭打一个电话。印象中，正对门的是一个小小的柜台，阿姨问清市话还是长途后，会给你一个号牌。这恐怕是我接触到的最早的拿号等候了。

电话电报亭内左手是四个室内电话亭，供市话使用；右手边是长途电话亭。阿姨的柜台里有计时器，按照通话时长、地点收费。人多的时候，队伍会排到室外。偶尔会遇到一两个煲电话粥的，室外等候的同学万般不耐，忍不住在柜台前嘀咕。当班的阿姨会迅速瞄一眼计时器，然后

用上海普通话高声喊：“××号，你快点快点啦，好伐？”

电话亭的隔壁是一家精品店。这是当时校内唯一的一家比较上档次的精品店。精品店的老板是一个三十多岁的上海人，西装笔挺，戴金丝眼镜，斯斯文文，不过不常来。每日里在店内坐镇的是老板的父亲。典型的上海老克勒。穿雪白的衬衫，配烟灰色羊毛背心，笔挺的西裤，裤线笔直，黑色的皮鞋一尘不染。老先生会安静地坐在柜台后面，若有人光顾，会用上海话招呼：“弟弟/妹妹，买啥？”柜台里陈列的商品精致实用，小到贺卡，大到电子产品，还有一串串的风铃悬挂在柜台上方。风吹过，丁零当啷地响，让人忍不住撩起一串铃铛，迅速撒手，铃铛碰撞在一起，清脆悦耳，大家善意地笑。老板爸爸一般不会

轻易阻止，只是微笑，偶尔恶作剧的频率高了，铃铛们四下乱撞，老板爸爸才会开腔：“勿要弄哩勿要弄哩！”这时，小伙伴们不好意思地吐了吐舌头，嘻嘻哈哈地四散开去，真的是悄然撩风铃，微弹纤纤手；老板轻劝，和羞走，倚门回首，笑颜如花留。

民以食为天。紧挨着精品店的是两家饮食店。一家是面馆儿，另一家专做小炒。面是地地道道的苏式汤面，至今我仍对他家的辣酱面念念不忘。小炒店都是家常小炒，夏天来临的时候，老板会在店门口支起小桌子，炒螺蛳、炝黄瓜、啤酒……，夏天应景的吃喝一应俱全。店门右边的墙上开了一个小窗口，炒好的菜直接从后厨递到窗口，吆喝一声，自有人上前取菜。喝到兴头，会随意地向马路

对面的水果铺喊一声："来个瓜！"水果铺老板会豪爽地应一声，在瓜堆里东拍西掂，最终选中一个心仪的，上秤报价，然后问："杀不杀？"答曰："杀！"老板抽出水果大砍刀，几刀下去，圆滚滚的西瓜被剖成几瓣，底部仍然相连，用塑料袋装好端上餐桌。到酒足饭饱时，桌上只留一堆瓜皮与残羹。据说小炒店会营业到凌晨。冬季里，还会有不少留学生坐在露天里，哈着气，喝着啤酒。我们走过路过，暗自腹诽。

水果铺原先开在学校超市的门口，1994 年还是 1995 年的时候，超市被拆，学校在原址建了一个生活消费圈，有点类似微型的 shopping mall。川湘店就是在这个时候崛起的。这是一家杂货店，吃、穿、用都有，没有你买不

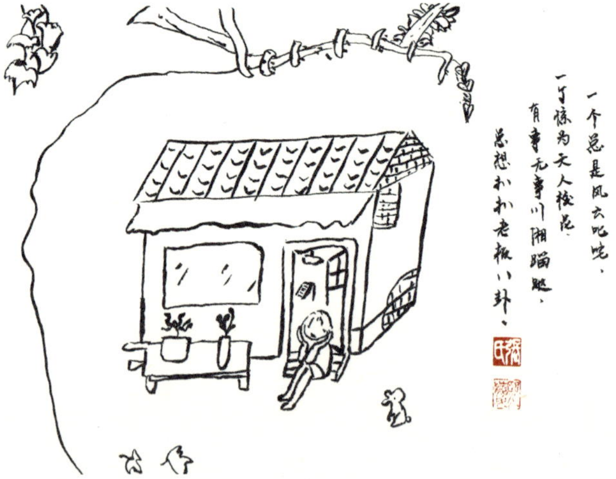

到的，只有你想不到的，而且价格还超便宜。但最最吸引大家的，是川湘店神秘的老板和老板娘。据说他俩当时一个是学校的风云人物，一个是被惊为天人的校花。只是平日里看店的总是二老板和二老板娘。我不死心，总在课余有事没事地往川湘店跑，想一窥那传闻中的美女，究竟是怎样一副惊心动魄的容颜？久而久之，倒是和二老板夫妇混熟了。悄悄向他俩八卦老板娘，他们只是笑，并不言语，越发撩得人心痒痒。临毕业的时候，有一天在大礼堂排练，一男生去买烟，转眼工夫狂奔回来说，来了来了。细细追问，原来是川湘店老板娘现身。顿时撒腿就往川湘店跑。果真名不虚传，貌美如花，简单朴素，岁月并没有在她身上留下太多痕迹，穿米黄色背带裙，倒像个乖巧的邻家女孩。二老板看着突然挤满了店铺的一群人，心照不宣地笑。毕业工作几年后，偶尔一次经过川湘店，进去买了一张电话充值卡。二老板诧异万分，犹豫半天终还是小心翼翼地问：“你咋还没毕业？”

其实在南京路上，除了这些店面以外，还有一个最吸引眼球的地方，那就是当年的海报墙。海报墙实际就是一间大房子的东墙，一色的青砖。学校和学院宣传部的同学会将相关活动的内容绘制、撰写在 0 号纸上，然后去团委申请位置。多半会趁着夜色，拎着糨糊桶，用板刷在墙上刷一层糨糊，用新的海报覆盖住旧海报。海报叠加得厚了，团委会安排志愿者集中清理。

记得那年我和亚菁分别获得学校思想学术节演讲冠亚军，时任学院学生会宣传部部长的春光同志连夜刷了一张大海报，第二天差点惊瞎了我的眼。海报上只有四个字：绝代双姝。也记得香港回归前夕，当时的小傲部长，用水粉画了一艘大大的归航的船……但是时至今日，仍让我记忆犹新、震撼不已的，是1997年6月我们临毕业前的两次海报。每每现在的小朋友跟我吹嘘他们的喷绘如何如何炫的时候，我总嗤之以鼻，然后很骄傲地与他们介绍那次的海报，往往收获一堆的惊叹与艳羡。

我记得那年6月的时候，我们申请了整整一面墙的位置，用白卡纸将整面墙盖住。第二天，所有经过海报墙的同学都惊呆了，不知所以然。临近中午，老焦领着我们扛着竹梯，拎了几个塑料桶，来到墙边。围观者众。有相识的同学打着招呼急于解惑。我们笑而不答，将同色的颜料一瓶瓶地倒入桶中。这时候，我们说，请毕业班的同学选择自己心仪的颜色在海报墙上留下自己的掌印，然后签名留念。可以爬着竹梯到最高处。人群瞬间炸锅。毕业班的同学跃跃欲试，非毕业班的同学满脸惊羡。有男生爬上了竹梯，我们在下面将颜料桶递给他。他万般自豪地在海报墙上留下掌印与签名，并骑在竹梯上摆出 pose 留影。眨眼工夫，海报墙上满是五颜六色大大小小的掌印，还有龙飞凤舞的签名。大家会寻自己的名字，然后合影。印象中，这面墙一直保持到我们毕业。离校前的一晚，我们一行人又扛着梯子，将海报清理干净，重新贴上雪白的卡纸。好像是老焦，还是峰云？我记不清了，只记得倒了满满一桶墨汁，用拖把饱蘸墨汁，在海报墙上留下气势磅礴却隽永的两个字：走了。

我站在海报墙对面，面色平静，内心却早已如潮水般涌动，百感交集。

月光如水，究竟是谁应了谁的景，谁遂了谁的愿？

西
行知路
东
W
Xingzhi Rd.
E

图书馆路

东 迎宾路 西
E W

留言 华理的路

太阳转身

最爱华理梧桐道，深邃悠远绿茵绕。四季更替不同貌，且向晴阳留美照。

思悦

原来那张“走了”是你们那个时候。

湖边卡夫卡

绝代双姝，我咋不记得了呢？我怀疑我的脑中有个橡皮擦，急需要朱朱这样优美温暖有历史感的文字来唤醒。

随风

文美图妙。

风云

写字的是王东辉，小品演员，后来去了新疆泽普油田。我写的是右侧九七届毕业生几个字。我爬过梯子的，签名在顶部。尘戈贴的海报白纸。面馆儿叫 rosebar，辣肉面好吃、好辣，我在那里听到了澳大利亚悉尼赢我们一票，主办 2000 年奥运会。还有补鞋摊（好像你已经写过了），文具店，精品店在大礼堂隔壁还有一家。体育场那里的修车摊、化工理发店、水果摊，还有十六舍的洗衣房、每个宿舍楼下的宿管小卖部、挨门收床单洗的阿姨，都令人难忘。

超儿

那张“走了”好霸气，好有感觉呀！赞赞赞！

开心豆爸爸

一直都觉得收床单的阿姨叫声很奇特，收被单怎么听都是 speeder。

| 风云

“洗被头”吧？然后也有可能是要客户“速度”交出来。

留言　　华理的路

开心豆爸爸

我只记得那时一碗兰州牛肉拉面，大碗 1.8 元，小碗 1.5 元。大碗真的很大，我居然都能吃完。那黄色的拉面味道很独特（后来才知道是蓬灰的味道），以至于吃太多了以后彻底腻了。毕业后很多年一想到兰州拉面就想起那黄色那味道，完全没兴趣吃了，以为那就是正宗的兰州拉面。再到后来吃到了真正的兰州牛肉拉面，才明白蓬灰不用放那么多，正宗的货讲究一清二白，色、面和味道都很赞。于是再次喜欢上了兰州拉面。但是每次吃，一定会想起那 1.8 元一碗的岁月。

Jianming

路名征求是大一下、大二上的时候，最终学校确定了两套方案，一套是以各专业名称命名，如化工路、生工路……另一套就是现在的路名。据说是有老师提出，不要总局限在化工的世界里，最终确定了现在的命名方案。当时，校学生会宣传部奉命手绘各条道路平面图，邀请板桥斋和书画协会的同学帮忙，用 0 号纸，刷了南京路海报墙 9 个点。

Jianming

那个时候南京路上有一家修鞋铺，好像是阿冬老公的徒弟开的。面馆儿老板其实是体育系的老师，不上课的时候就卖面。川湘店老板娘在 90 级四大美女中排名第二，排名第一的是环境系的，人称“小环”。（哦，我真相了！）

杨桑

那个时候的海报墙，想要效果好，就用 6×8 的规格，用 0 号纸铺满整面墙。贴海报的最佳时间是半夜 12 点之后，借大礼堂的梯子，爬上去慢慢刷墙。

大草坪

在牛剑的时候，看着大片大片的草坪，就会有想去走一走的冲动，可是人家是有规定的，我不小心脚后跟踩到了一点点，就会有管理人员走上前来，礼貌地要求远离草坪：只有院长或者特殊级别的人物才可以走上草坪。如此，我更爱华理大草坪。

嗲嗲在朋友圈里上传了一段文字：那一年，嬛嬛喜欢合欢花，果郡王为心爱的人在四角宫墙中，种下了满院的合欢花；那一世，浅浅喜欢在十里桃林，夜华为浅浅在洗梧宫种下了“十里桃林”；爱一个人，倾一座城。彼时我正走在校园勤奋路上，不禁莞尔，驻足。我的右手边就是华理的大草坪。我看嗲嗲的文字，心中突然就涌上一股暖意和爱意。

每所高校应该都有一块草坪吧？我不知当初华理大草坪的设计初衷是什么，我胡思乱想，也许是当年的建校者们希望能给每位学子提供一片开阔的场地，为 TA 打造一个开阔的空间吧？

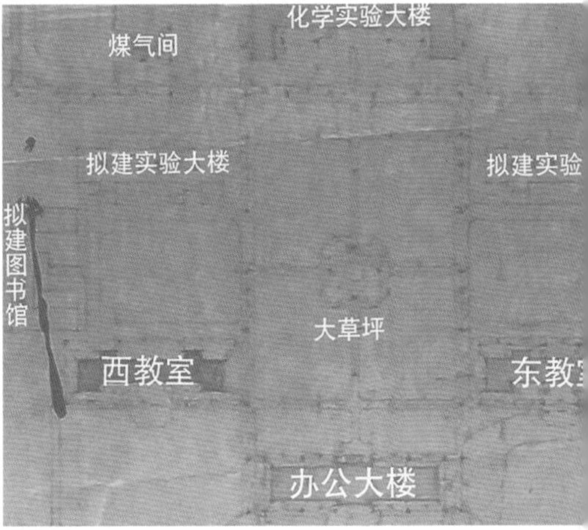


我去校档案馆查阅，1952 年 10 月，当时的华东化工学院选址江湾，次年 5 月，征地约 600 亩，选择市郊龙华区的沪杭铁路线以南、原沪闵路以西、梅陇镇以东区域为新校区，也就是今天梅陇路 130 号的徐汇校区。1953 年 8 月，新校区开工建设，1954 年 8 月，迁址梅陇。档案馆里有一张1953年绘制的新校区建设总地盘图，图中中心区域明显标注了大草坪，这应该是官方的关于大草坪的历史记载吧？

草坪呈长方形，南北约150米，东西100米。最醒目的标志就是草坪北边的毛主席像。好像国内每所理工类大学都有毛主席像，但是颜色和姿势不尽相同。华理的雕像在我们读书的时候是褐色的，不知哪一年重新刷成了绿色。阳光下，毛主席正视前方，挥舞右手。风华儿在今年春节的时候，特意带着她家闺女从无锡开车过来新年第一站选择来到校园。她在微信朋友圈里说，以前，都以为那是他老人家说“孩子们，去玩吧。”原先在毛主席像的两边是黄杨构成的“毛泽东思想万岁，中国共产党万岁”字样，2012年60周年校庆前夕，换成了红花檵木构成的“勤奋求实，励志明德”的校训。

毛主席像下面是一片水泥空地。初夏时候，我们曾经将班级舞会从三教挪至于此。最老式的卡式录音机，卡带里是经典的三步、四步舞曲，在台阶上点燃一支支小蜡烛，烛光摇曳，少男少女们翩翩起舞。有擅长花式舞步的，会灵巧地带动舞伴伴随音乐沿场地周边不停转圈，一圈下来，或许为了缓解头晕，男伴旋即又带着舞伴反方向旋转，“左旋右转不知疲，千匝万周无已时”。一曲舞毕，姑娘倚在雕像底座边，天旋地转，室友们纷纷上前调侃，咯咯的笑声荡漾开来。有三三两两散步的情侣按捺不住和着音乐在草坪上起舞，裙摆微动，清风舞翩跹。抬头望天，满空璀璨星子连缀。周边栀子花暗香浮动，远处有隐隐约约的笛声，似乎夹杂着思念的愁绪：可否问君思念谁？怎叫临风夜夜吹。

有一年中秋，班级组织在大草坪上赏月。夜幕降临，男生们从宿舍扛着凳子，拿着一次性餐布，浩浩荡荡去草坪占地儿。到了现场才发现，人声鼎沸，无数的班级都不约而同地集结在大草坪。男生们智慧大发，迅速将餐布扯成长条，结成带子，然后寻草坪西北边一块空地，摆四张方凳做四个固定的点，用餐布条将凳子拴好，成功地为全班圈得一大片空地。大家戏谑地说，这就是当代圈地运动。同学们三五成群，或站或坐，闲适地聊天。段莹的男朋友是在中途加入的，他一来就顺手扒拉开一个柚子，用随身携带的小刀在柚子皮上刻出镂空的花样，又点燃一支小蜡烛放进去，一盏精致的柚子灯即在眼前。女生们大声惊叹，段莹手捧柚子灯，淡黄色的光晕下，巧笑倩兮，言笑晏晏。那边，不知哪个班级放出了舞曲，一时间草坪上裙袂飞扬，婆娑起舞。同宿舍的女生与心仪的男生共舞一曲之后，回去后悄悄说："小赵的手指真白真修长。"

那时大草坪的草，几乎都是野草。生命力极其旺盛，根须发达，紧贴着地面伸展。用手轻轻一拽，压根儿拽不动。不用操心会被踩烂、草色全无。等到来年春风又起时，自是一片草色青青佳木葱茏。

大草坪自然而然成为华理人闲时休憩的最佳场所。天气晴好的日子，会有男生在草坪组队踢球；家长们领着孩子在草坪上蹒跚学步或是放风筝；更多的是三三两两的好友，或是在草地上散步，或是择一角落坐下，窃窃私语，孵太阳，看微风撩起发丝，阳光漏在身上变成淡淡的光晕。

每年雨季的时候，大草坪上，人烟稀少，白雨窸窸窣窣，草坪四周一片雨幕。雨霁天晴，草坪上会积留下一个个小水洼，带着自然的野趣。有不知名的小花零星开放，有小鸟觅食。偶尔一只喵星人，从草坪一角窜出，追扑着惊飞的蝴蝶、乍起的蚂蚱。

毕业季的时候，每天总有拍摄毕业照的同学。我也曾经花了半天的时间，和风华儿、尘戈他们在大草坪上凹造型，用肢体摆出了 I love you，ECUST，尽一切可能地留下华理的印记。学院和班级的毕业照也是在大草坪，以毛主席像为背景。不过，那个时候不似现在，统一学士服，我们都是穿着自己最喜爱的衣服，五彩缤纷。等到大家都穿着学士服拍照的时候，背景已经换成了草坪南边的两棵雪松。可惜，2016年的时候，两棵雪松久病不治。这是最大的憾事。

2002年50周年校庆的时候，大草坪周边一人多高的灌木丛统一换成了及膝的黄杨矮灌木，视野一下子开阔起来。

2012年60周年校庆前夕，学校对大草坪进行了彻底地整修，用生土垫高了整个草地，在地下敷设了排水管道，增设了自动喷淋设施，种上了正宗的草皮。自此，大草坪脱胎换骨焕然一新，可以保持四季的常绿。

2013年，我受托为商学院拍摄院庆视频的时候，坚持设计了在大草坪的结尾：一群身着学士服的少男少女，满怀憧憬，在毛主席像前，在大草坪上，脚步坚定。当一顶顶学士帽被孩子们抛向空中，我们坚信：华理，就似一株生命之树，全体华理人的成长都离不开汲取自它身上的养分，而我们也亲手刻下它每一道粗细不一的年轮。我们将以挚诚的努力来植就一株丰饶的青春之树、可用之材，让生命的年轮随它运行、铺向远方。我们期待：它，终将成为一座森林，阳光穿透它的枝叶，四季如春。

草绿茸茸沐春光，
主席挥手气宇昂。

毕业前，都会在大草坪留影

90年代的大草坪

当年草坪上的雪松

留言 大草坪

刘处
现在可以去使劲踩了。

胸有成竹
米兔。

仕清
草坪不让躺，不如改种仙人掌，我们的大草坪就不用改了。(咧嘴)

风云
Jimmy 被玩坏了，又被捏手，又在你们大吃大喝时去留两难。

刘韬
当年玩得挺 high！（微笑）

肖朗
牛剑的草坪我都踩过了，没有啥特别的感受。牛津教授说，这就是我们在如何划分阶级。其实你装得厉害点，淡定点在上面走也没人敢拦你。
| 太阳转身
我其实误入过考普斯克利斯提学院，沿草坪狂奔，管理员追出来，说其实连草坪临近区域都不能进的，我怕给祖国丢脸，撒欢儿从对面的门溜出去了。(捂脸)

湖边卡夫卡
不过这次去看大草坪，感觉没那么大了，这是为…什…么…呢?
| 太阳转身
你见过大世面了!

青春河

常忆青春河畔，
晨读书声如故。
始记别离时，
终是不舍相顾。
几度，几度，
梦里泪洒无数。

华理校园内有一条河浜穿梭而过，现在都叫它“青春河”，我怎么一直记得，那个时候，我们叫它“伊人河”呢？那时候水很清，河两岸还没有护栏，甚至有台阶可以走进河里。河水穿过迎宾路上的小桥，在校医院门口打了个转，向东缓缓流淌，经过紫藤苑，一路向东。河道两旁是高大挺拔的香樟。

春天的时候，岸边零星的几株柳树渐渐冒出新芽，米粒一般附着在枝条上，远远望去，一片朦胧鲜嫩的新绿。几场春雨过后，叶子开始抽条，颜色也渐渐变深。似乎一夜暖风吹过，河岸两边的春花悄然绽放。粉色、白色的花朵一嘟噜一嘟噜地积攒在一起，在风中微微颤颤。一阵疾风，不知吹落多少春花，落英如雨，岸边的花瓣打着卷，部分飘落至水面，一时间，瓣瓣花开凌与落，春花无数水静流，恰如心事也悠悠。

到四月的时候，绿叶更加茂密，桃之夭夭，灼灼其华；海棠迎风，垂英袅袅；迎春吐蕊，楚楚动人；紫藤绕廊，繁葩窈窕；自是一番春景。柳枝渐渐抽长，婀婀娜娜，翠条依依，倒映在水中，会令人想起贺知章的诗句：不知细叶谁裁出，二月春风似剪刀。这个时节，在清晨沿河而走，可以听春鸟喈喈，有早起的鸟儿扑棱着翅膀，划过树梢，树枝摇曳，瞬间又恢复宁静，留下一个灵动、静谧的春晨。

好像春天还没有过完，燥热、烦闷、潮湿的黄梅天就在六月的时候如约而至。四处都是湿湿答答的感觉，粘腻、沉闷，没有一丝风，伴着似乎永无休止的淅淅沥沥的雨。雨势忽大忽小，刹不住的势头。河面上，水底的小鱼、小虫终于憋不住，纷纷跃出水面大口大口地呼吸空气。水面上尽是一个个小小的涟漪，密密匝匝。沿河岸两旁，水色发红，那是孑孓，偶尔还会见到几只壮硕的小龙虾，舞动着大钳，沿堤爬游。听上几届的学长说，有一年黄梅季节暴雨如注，河道里来不及泄水，短短一夜的功夫，水漫河堤，只看得水中鱼虾乱蹦乱跳。岸上众人欣喜若狂，师兄们撸袖挽裤脚，纷纷跃下河面捞鱼摸虾，一时间，项背相望，好不热闹。那几天，鱼香飘遍了校园。倒是有些遗憾没有亲历，可以想见的欢腾啊！我们读书的时候，最多也就是坐在河边石椅，逗一逗经常出没河边神在在自来熟的胖猫咪，然后陪偶尔的几位垂钓者发个呆，打个盹儿。

等到炎夏来临的时候，河边成了天然的避暑胜地心静自然凉。那年，我就是在岸边的石桌上一笔一画，一字一句地完成了毕业论文的初稿。欧阳说，郭老师在办公室翻着我的手稿，啧啧称赞："适意啊适意！"王老师在我誊写的时候，立在我身后，我太专注，他说了啥没听见，最终他叹口气："丫头，我终于见识了你的勤奋了。"

等九月开学的时候，风逐渐凉了，梧桐叶开始泛黄，河里的小鱼忙着浮出水面晒太阳。

又一季的新生来到学校报到。没几日，河边蓦然多了许多晨读者。或旁若无人，高声诵读；或轻声低语，默默背记。大一刚升大二的那个九月，特别不适应角色的转换，想到一下子不再是全校上下最受疼爱的老幺了，又不是可以指挥倜傥的毕业生，总有一种夹心饼干的憋屈感。那时，每每看到在河边苦读的新生们，总会故作老练地撇嘴，假装不屑，其实都是些幼稚的小儿女心态。过不了几天，自己也乖乖地拿起书恢复了原样。

秋季总是伴随着收获的。桂花飘香的时候，是学校每年一届的思想学术节。校园里书香墨香，中文英语，诗书琴画……那时的社团不多，最著名的莫过于"星期四诗社"。我是在下自习的路上无意间听到两名同学的议论，大意是说诗社的作品流于形式，balabala 一大堆。一时口快，告诉了指导老师。结果当时的社长被老师骂得狗血喷头。看原先意气风发的少年被批得体无完肤，几次欲出言相帮又生生咽下。我于心不忍，想来自己也是罪魁祸首，悄悄买了一盒巧克力安慰他。不明真相的陈社长对我很是感激，反倒弄得我更加不敢说出真相。毕业后，据说陈社长凭借其浑厚的嗓音进了上广，也不知现在何处？那些曾经的诗人们，是否还会像从前那般，写下漂亮或晦涩的句子？

冬天的青春河是清冷、寂寞的。岸边的树叶逐渐凋零，枯藤老枝，黄昏的时候，夕阳斜照，在枝丫上反射出玫瑰色的光泽。偶尔几只飞鸟掠过，留下一声轻啼，了无痕迹。间或一两次雪后，清冷的天，如同一幅水墨山水，也难怪 2012 年都市励志电视剧《那样芬芳》要选景于此。

青春河上有小桥数座，最著名的莫过于三教与老图书馆之间的“青春桥”。以前的青春桥是木质的，走在上面，的笃的笃地响。2016 年，毕业 30 周年的 86 届校友捐资重新修建了小桥，改为钢筋铁质，由艺术学院“很仙的女子”冯璐老师操刀设计。现今的小桥，石头桥面，镶嵌着一块块砖头大小的钢板，上面镌刻着当年的专业名称。小桥的栏杆已换成铁锈色的钢板，带着岁月的斑驳。校友们在桥头立了一块碑，碑文曰：

华理有桥　与校同生

原始木质　朴素无华

承载历代先辈开拓足迹

中兴之际 固以钢筋铁骨

负重前行不辍 又历风雨

86 学子 毕业卅载 日复念之

遂群献善礼 修缮一新

并名之“青春桥”

寄青春无悔 感恩母校之意

青春河远眺

青春橋
华理有桥 与校同生
原始木质 朴素无华
承载历代先辈开拓足迹
中兴之际 固以钢筋铁骨
负重前行不缀 又历风雨
86届学子 毕业卅载 日复念之
遥群献善礼 修缮一新
并名之“青春桥”
寄青春无悔 感恩母校之意
华东理工大学
一九八六届校友捐赠

留言 大草坪

焦焦
泪洒河畔，记得仅有一次。(哭)当年每日走过，浑然不觉如此之美！谢谢你用文字让我重温。(微笑)

于局
日子，是自己的念想。

风云
青春河畔信步，琅琅书声起伏。当初石几在，当时静女如姝。回顾，回顾，朱泪暗洒无数。一哂。

米乐
这不是《那样芬芳》里的小河吗?

Jianming
90 年代的时候，青春河污染严重，是由我们环境系进行整治的。

熊猫
我记得 05、06 年的时候，商学院搞活动，还在河里放过小船。

乐乐
夏天的时候，会去梅陇路上买了草莓，坐在河边的石桌边慢慢吃。

枸杞子
上周回学校，河水没有以前清了。不过，坐在河边的石凳上，还有当年的感觉。

沫沫
我咋没赶上捞鱼的年代?

夏天的乔木
我是河边晨读的人。那样悠闲的日子一去不返了啊!

图书馆

在华理24载，图书馆也陪伴我24年，个中滋味，如于谦《观书》所言：书卷多情似故人，晨昏忧乐每相亲。眼前直下三千字，胸次全无一点尘。

读书的时候，除了宿舍和教室，去得最多的就是图书馆了。徐汇校区有图书馆两座，根据兴建年份，分别称之为老图书馆、新图书馆。华理图书馆在建校时即同时创建，汇集了当时震旦大学、沪江大学、大同大学等多所学校的馆藏。

老图书馆是一幢坐西朝东的三层青色苏式小楼，现在是商学院和档案馆所在。那时候，是大部分人文类及小说藏书所在地。现今的商学院大堂，原先是图书馆的借阅窗口。记忆一下子变得好遥远，印象中拿借书卡在窗口登记后可以拿一根木板（那是在抽取书籍的时候做位置记号用的），然后可至任意书库借阅。老图的书库紧凑，有窄窄的楼梯仅容一人通过。我们扶着栏杆，小心地下楼梯。两旁均是高大的书架，颇有一番汗牛充栋的架势。所有的书籍都分门别类归置好按编号整齐地排列在书架上。比较古老的书籍已经被管理员用牛皮纸细心地粘贴好破损处，用黑色钢笔重新写下书名，笔迹秀丽，无声地诉说着藏书的历史久远。最喜欢冬天的时候来老图书馆借书，逼仄的空间挡却了室外的严寒，有阳光刺破云层从玻璃窗中斜斜射入，形成一束光柱，打在书架上。轻倚书架，将借书板插在某一位置，取书翻阅，会扬起淡淡的尘，微小的粉尘在光柱中飞扬。伴着书香，心中一片安然，会不由想起杜荀鹤的“窗竹影摇书案上，野泉声入砚池中。少年辛苦终事成，莫向光明惰寸功”。

新图书馆建于 1984 年，位于老馆的西边。这是一栋四层新式大楼，按功能、楼层划分为不同的区域，有报刊阅览室、科技图书阅览室、外文期刊阅览室、社科图书阅览室、中文期刊阅览室、中文图书借书处等。因着专业的缘故，最常去的莫过于借书处和社科阅览室。

去新馆借书处借书与老图的流程相差无几。新馆的书库分为四层，按图书馆门类法分层而设。去得最多的是四层书库，那里主要是社会科学总论（C）、经济（F）类藏书。那时候不似现在，网络尚未普及，搜索引擎自然无法像今日这般发达迅捷。记得有一年参加管理杯论文大赛，为搜集资料，我和风华儿愣是在图书馆泡了将近一个月，把相关书籍、期刊一本本地翻过来，做了无数笔记。平日里，四层书库的学生以文商类居多。每每到了思想学术节的时候，借书人就会多起来。同样的情形也会发生在社科图书阅览室。个中原因，当然是为了撰写学术节的论文。那段时间，大家的勤奋程度不亚于复习应考。或许也是华理论文产出率最高的时段吧？经常借到一本书，发现里面已有用铅笔注释的痕迹，或是某页有了浅浅的折痕，更有“好心”的同学用铅笔在书页空白处写："此段已引用，谢谢！"每当看到这样的句子，总会忍不住猜想一下，是谁？写了什么文章？

比之借书处，可能去得最多的是社科图书阅览室，位于新馆三楼。说是阅览室，但采用的是全开架、借阅合一的服务方式，即入室阅览为主，短期借阅为辅。我们凭借借书证进阅览室，在入口处换牌，然后可根据室内的"中国图书馆分类法"导示指引找书。每次限取两本，阅读完毕后直接把书放在过道的书车上即可。如果当天没有读完，也可以外借。借期一般为一天，每次两本（种）。若逾期不能归还，则按一天一元计费。

我常常在课后跑到三楼，在那里随意地翻上一本书，消磨掉一个下午或者晚上的时光。

大三的时候，系里开设了专业英语课，由系主任郭老师亲自主讲。郭老师出了名的严格，我们还未从通过英语六级的喜悦中缓过神来，就已经被他兜头一盆冷水浇得透心凉：六级都没优秀，有啥好得意的？接下来的课程讲授，真是魔鬼式训练，让我们一下子无法适应，苦不堪言。郭老师抛开原版教材，每周给我们发原版案例，并要求我们在两天内将长达四五十页甚至七八十页的英文案例看完吃透，找出案例中所述企业在经营中存在的问题，运用已学理论知识提出建议，撰写不少于

5000字的分析报告。案例的内容多为世界500强企业的真实运营情况。两天！我们顿觉惶惶。有胆大的同学自告奋勇为民请命，想与郭老师讨价还价，未曾想郭老师一句"人家哈佛的一天写两篇呢！"就把我们说得哑口无言，乖乖回来捧着案例、词典、书籍苦读。我照例带着案例去社科阅览室，一是这地儿安静，二是在这里，随时可以查阅最新的管理类书籍，为报告的撰写提供强有力的理论依据。反正经过郭老师的磨人的训练，我们的阅读速度越来越快，也能够在一堆的英文字符间迅速抓取有效的关键词句。我的报告也经常被郭老师拎出来，在全班同学面前，用上海话问："清爽伐？""适意伐？"那个时刻，所有的疲倦都烟消云散，心里带着虚荣心小小膨胀后的甜蜜。

郭老师对我们的严格还体现在，他针对我们专业制订了一条"系规"：凡毕业时拿不到国家英语六级证书的，一律扣发学位证。为此，大家铆足了劲儿学英语。我虽然在大二时就通过了六级，但想着不能放松，还是坚持每日学习英语，刚巧陪着风华儿一起攻六级。临近大四，未过六级的同学寥寥无几，风华儿急，我也急。那天去信息语言图书阅览室，突然发现那里的语言类图书如此丰富，遂拉着风华儿盘踞于此。我在这间阅览室最辉煌的纪录就是，利用一周的时间将两本经典的英语图书全文摘抄下来，并按我个人的喜好划出重点。此外，我还根据当年六级考、研究生入学考的题型，做了厚厚一本要点摘抄，并用不同颜色的笔做好笔记。这本“宝典”帮着风华儿顺利地通过了六级。甚至在我工作后担任国企950班导师时，帮着小宝他们一举通过六级。真可谓是笔记中的战斗机了。

写到这里，突然想起，其实，图书馆里也不仅仅有藏书，当年在一楼，还有一间影视室。说白了，就是让大家看原版片的地方。房间不大，大约十来张桌子，每张桌子可坐4人，桌上有台电脑，配耳机，可以按片次收费，也可以办卡。在入口处选择好自己要看的碟片，然后寻空位坐下。因为都是戴着耳机，室内自是一片安静。只看得这一桌的同学笑得乐不可支，甚至伏在桌面上发出压抑的“嗤嗤”声，那必是在看喜剧片；那边，一个个神情肃穆，甚至手执餐巾纸，于不经意间迅速擦一把眼角，那肯定是悲剧。我似乎就是在那学期在这里，追星般看完了汤姆·克鲁斯、基努·李维斯的作品，如此密集，在我之后的日子里再也未能超越。现在，因为网络的普及，新馆里已经没有这项业务了。如今的小朋友想看原版片随时都能上网，途径多多，想必是无法体会我们当年的心情的。

经过60年的发展，图书馆也已经成为“资源丰富、多科性、现代化、开放式”的研究型图书馆。馆舍也遍及徐汇、奉贤、金山三校区。按其主页介绍，“馆舍总面积达4.6万平方米。阅览座位3500席，开放时间为每周105小时。目前，馆藏资源所涵盖的学科包括人文科学、社会科学、自然科学与应用技术等学科领域。截止到2014年底，图书馆拥有印刷型图书281.7余万种，纸质中外文期刊2000余种，期刊合订本约27.2万。近年来引进的国内外数字资源89种（包括电子期刊、电子图书和多媒体资源等各类数据库），外文电子期刊29364种，电子图书近214.4万种”。

现在的徐汇校区图书馆，在原有布局上，增加了休闲阅读空间和信息共享空间。前者是一个阅读、休闲两者兼顾的区域。空间内陈列有报纸、文艺和休闲类期刊，设有咖啡服务点，沙发、茶几、咖啡座等一应俱全。可以边阅读边品尝咖啡，还可以无线上网浏览。后者致力于共享式学习和信息开放，里面设有电脑、自助打印复印扫描一体机、3D打印机等设备。还设置了5间独立的研讨室，方便师生进行各种研讨。

借书也不用再像过去那般烦琐。可以直接在查询系统中找到所需借阅的书籍的信息，GPS 定位甚至可以精确地告知书籍所在书库的具体位置。也省却了人工借阅手续的麻烦，直接刷校园卡即可完成所有手续。图书馆的超星、万方、维普等数据库更是为查找文献资料提供了极大的便利。现在的图书馆不断加强网络和数字图书馆建设，以全新的服务模式为读者提供 RFID 自助借还、网上预约、信息咨询、馆际互借与文献传递、课题查新、自助复印、学科馆员服务等多种服务。实现了馆内无线网络全覆盖，在两校区大厅及阅览室均设有读者查询终端，可方便读者访问图书馆资源。

在华理 24 载，图书馆也陪伴我 24 年，个中滋味，如于谦《观书》所言：书卷多情似故人，晨昏忧乐每相亲。眼前直下三千字，胸次全无一点尘。

书卷多情似故人，
晨昏忧乐每相亲。
眼前直下三千字，
胸次全无一点尘。

阅览室

中文书库 →

安静便捷的
空间 O。。

留言 图书馆

天天开心
记得老图书馆是卢冠忠老师题的字。(祈祷)(祈祷)(祈祷)

老大
咋以前没发现，还是学校养人啊！

老幺
哪天带小的再来看看。
| 太阳转身
奉贤的新馆更霸气。

卡卡
影视室有点印象，几个人一起看大片。

开心豆爸爸
除了看原版片的地方，新图书馆里还有个录像厅的，在当年是除了新园宾馆二楼以外最好的录像厅了，播放的片子也不是大学生俱乐部那种港片，都是欧美佳片，奥斯卡获奖作品那种。
| 太阳转身
看来你的大学生活更充实啊！（偷笑）

Vivi
啊，现在的图书馆这么高大上！

路过
还记得那些旧书，用牛皮纸糊好，黑色钢笔写着书名。字好漂亮。

逝水
嗯嗯，那时候看到好书，看不完，怕别人借走，会偷偷地塞在角落里，第二天去找。(偷笑)

留言 图书馆

Any
一块钱借回去看，现在想想，超值啊！

滴泉
记得看原版片办卡！

雨桐：
还是喜欢以前的味道。

万钧
思想学术节的时候，图书馆里人满为患的场景。工作后，还会想起。

小河晴海
哈哈，说我呢。我抄过书，还用笔划出来，旁边写：已用！（龇牙）

摩羯蜻蜓
好像优秀论文还会在学科组分会场做报告的。我记得你们第四学科组有个男生一直写关于大学生恋爱的。（偷笑）
| 太阳转身
你是第几学科组的？记性真好，那名男生是我的同班同学。大二我还跟他合作了一把：他写，我誊抄，然后属我俩的名字。（捂脸）

# 体操房

乒乓馆
TABLE TENNIS GYMNASIUM

现在每每路过乒乓馆，总想着厚厚的窗帘背后，乒乓健儿们挥汗如雨的样子，脑中却是怀念着当年体操房内的舞姿翩跹。

体操房坐落于大操场东侧，无从考证建于何时。一幢典型的苏式房子，简单朴素，灰黑色的外墙，楼层很高，相当于普通楼房的一层半。墙上无窗，只有在接近屋顶的地方，一排的通气窗。体操房很大，雨天的时候，我们可以在里面上体育课。现在的体操房，是学校乒乓球队的固定训练场馆，无数个冠军就是在这里挥洒着汗水，一步步走上最高领奖台。体操房的大门多半是紧紧关闭的，偶尔从一开一关的间隙中，可以听到队员们训练时的拼杀声。

那个时候，体操房就是周末舞会的代名词。每逢周五、六、日三个晚上，从晚上 7 点开始，到 10 点半，就是雷打不动的舞会。舞会对外售票，如果没有记错的话，应该是 5 角一张。有时候轮到特殊节日，女生还可以免票。后来一次周末，自习归来已快晚间十点，小毅神秘地问想不想去放松下？我们一脸狐疑，不觉间已被她带至体操房。顿觉意兴阑珊，想着舞会都快结束了还要花钱进去，岂不太冤？正想转身离去，小毅利索地拽着我们和门口的学长打了招呼就直接往里冲。我们惴惴不安，

目不敢斜视。等到了场子里，正赶上最后一波迪斯科音乐。蹦完了迪，酣畅淋漓，心满意足地随散场人群离开，方才想起问小毅，那门口放水的学长是何方人士？答曰不知道。我们不相信。小毅撇撇嘴，道，这都不知道？到最后半小时基本都可以进去蹭舞呢！以后的以后，自道不必表述。如今，小毅已定居枫叶之国。不知每年层林尽染红叶漫天飞舞之时，可还会忆起当年我们的舞姿翩跹？

其实刚入学的时候，根本不知道交谊舞为何物。程导对此痛心疾首，学国际企业管理的，怎么能不会跳交谊舞呢？不会？学！我们面面相觑。18 岁的青涩少男少女，一脸茫然与无措。领教过老太太雷厉风行的我们，隐隐觉得她又要放大招了。果不其然，某个周末，老太太通知所有同学晚饭后在宿舍待命，等到 6 点半，全班集合完毕被统一带到了体操房。苍天啊！我们欲哭无泪，在程导的带领下战战兢兢平生第一遭走进了舞场。新鲜还没看个够，老太太就大手一挥，把我们一个一个往舞池里赶。不会啊！不会？找会的教。你们要主动出击。老太太义正词严。万般无奈，我们只能磨磨蹭蹭地往前凑。还好，因为性别优势，我们女生不大一会儿就被一位位绅士般陌生的男生们邀请下池。可怜一帮男生还在观望。幸运的女生，恰巧遇上邀舞的是个高手，且耐心教学，几圈下来，已经能够舞出个子丑丁卯。当然不会忘记同班的男生。于是一曲舞罢，礼貌地向男伴致谢，然后自去找到班级男生，现学现卖。好在我们的悟性都不错，一晚舞下来，基本上每个人都能舞上几步了。程导一直立于入口处，见我们香汗淋漓，脸蛋红扑扑地出来，爽朗大笑：小伙子们、姑娘们，怎么样？我们羞涩点头，却也从此心甘情愿地开始了我们的学舞历程。有男生甚至主动参加了学校的交谊舞培训班，学成归来，自发地担任班级舞蹈教师。会在每个周末，由各个寝室分别承办班级舞会，也会像第一次那样全班杀向体操房，现场演练一番。

半学期下来，几乎每个人都能熟稔地掌握各种舞步了。体操房自然成了打发周末时光的绝佳去处。那时候的周末，女生会换上心爱的长裙，最好是大裙摆，鱼尾裙自然是首选；会上淡淡的妆，清扫眉黛点绛唇，认真仔细，似乎带几分期许；男生们西装革履，穿挺括的衬衫，甚至打上领带，发丝用啫喱、摩丝抹得一丝不苟，特别注重的还会嚼上一片口香糖。那时候，我们班在体操房是自成一群的。每每迪斯科音乐响起，我们就会自发地集中在一起围成一圈，自有高手在中间领舞。印象中，多为曹敏。平日里温温婉婉的女子，在激烈的音乐旋律中舞动得妖冶恣意。往往会在最后，大家手搭着肩，连成长龙，一摇一摆来一曲接龙。

每年 12 月 31 日，体操房雷打不动的跨年舞会，舞会上会有节目演出。大一那年，我作为新生健美操队的一员，为学长们献上了一段韵律操。我们穿大红毛衣黑色健美裤，青春而生涩。后来我们在体操房把这曲舞排了又排，还编了队形变换。隔年文化艺术节开幕式，我们穿正式的健美服，舞着大长腿在大礼堂演出。可惜大礼堂的舞台不似体操房那般宽敞，跳着跳着，队形变换时就出了差错。好在大家现场应变能力巨强，将错就错，一路跳下去，有惊无险。张伟学长事后说，那段像波浪一样倒下去的编舞特别棒，就是第一个倒下去的倒霉蛋儿，被压在最下面呢，真惨！我怒目而视，学长突然意识到，哈哈大笑，给我递上一杯水消消气。大三、大四时候的跨年舞会，我已成为舞会的串场主持人。会在紧张的期末复习间隙，写下热情洋溢青春激昂的零点串词。那年刚刚激动昂扬地说完串词，引领着全场一起“听，这是幸福的钟声，为美而敲！”就听得新年倒数声中，DJ 放出悦耳的新年钟声。全场一片欢呼。我看见一只小老鼠从候场室里窜出，歪着脑袋侧耳倾听了一番，又倏地钻入角落，不见踪影。我一惊之下，又忍不住莞尔，那年是鼠年呢！

1997年6月，商学院在体操房举行了97届本科生毕业晚会。结束后，钱院长对我说，没想到你主持得这么好，很大气。我说谢谢院长夸奖，心里甜如蜜酒却又带着丝丝的怅然，这是我学生时代的最后一场主持呢。自此之后，我的本科学生生涯就落幕了。

若干年后，小朋友们在晚会上邀请我和他们跳一曲《兔子舞》时，我不由想起当年我们肩搭肩，在体操房里摇摆。去年的时候，2016届商学院本科生在八角亭举办了第一场毕业舞会，取名《脸红》。彼时，我坐在台下，看年轻的身影，我写：屋外淫雨霏霏，室内舞姿翩翩，你说你红了脸，我却是红了眼。今天的你们，裙摆动香，如红莲袅袅，笑颜如花；祝愿明天的你们，舞动天下，惊四方，神扬扬！

已改为乒乓馆的体操房

屋外霪雨霏霏，
室内舞姿翩翩。
你说你红了脸，
我却是红了眼。

留言　　体操房

于局
历历在目。(赞)

蕾蕾
你写的吗？真好。

开心豆爸爸
再次唤醒了许多关键词：体操房，扫舞盲，啫喱摩丝，蹦迪疯狂！原来我的大学生活不止录像！

哆啦
文字那么美，年少那么好！

棍棍
没进去过。
| 太阳转身
你的大学不完美。(奸笑)

卡卡
是不是操场边上那个健身房？
| 太阳转身
是啊，里面有照片，你看不出来吗？

Jianming
体操房里也会有陌生的面孔，漂亮的姑娘多半来自学校对面的卫校，帅气的小伙来自体育学院。

詹詹自喜
我记得那天一曲结束，趁灯未亮，我的舞伴牵着我的手没放，我也没动，任由他牵着。就这样牵到现在。(偷笑)

哈特
体操房的跨年舞会！

我爱学习
啊啊啊，为什么现在没有了？好羡慕好羡慕！

Lomen
我们现在有假面舞会！（得意）

# 那些活动

那些活动将永远成为我青春记忆中的背景，见证我对那段时光的无限怀念，永不磨灭。

今年五月，我和来自德国的 Mike 一起作为学院的领队参加了学校第 31 届体育节开幕式。Mike 挥舞着德国国旗，和我们坐在草地上看开幕式演出，兴奋异常。我问他，德国大学里有这样的活动吗？他笑说，没有没有，这是我第一次参加这么隆重的体育节呢！我莞尔。这可是我参加的第 24 个体育节呢。

那个时候的体育节，入场式是以班级为单位的，后来招生数扩了，才改以学院为单位。无论师生、家长，参赛队员还是啦啦队，最喜欢的还是开幕式演出。和现在相比，那时的演出近乎原生态，十分朴素。小红花幼儿园的大型团体操是必不可少的。每次看到那些中班、大班的小不点儿卖力地在操场上蹦跳，心里总会不觉被他们无邪的笑脸融成一滩水。

风华儿一直是短跑健将，本科四年，她包揽了女子 100 米的冠军。我是她忠实的啦啦队，每次赛前，送她到起点备战后，再以风一样的速度奔向终点，不忘高举手中的巧克力。因为风华儿说，只要想到终点处的巧克力，立刻就会充满能量，脚底生风，第一个冲过终点。大四那年，风华儿的亲哥湘华从锡城来探望妹妹，恰逢男子

4×100 米决赛。这位曾经的南京某高校男子短跑冠军以外援身份为我们拔得头筹。他那酷似金城武的外形在赛场上刮起了一阵旋风，面对不停来打探的外院系的同学，我们一概保持沉默，沉默，神秘又神秘。

都说男生最帅的一刻就是运动的时候。那次体育节最令全场沸腾的莫过于男子 4×400 米决赛。只记得老大是最后一棒。前三棒过去后，我们学院明显落后化工学院将近一百米，都认为化工夺冠无可争议，因为对方的第四棒是位黑人兄弟，以田径著称，名曰阿拉果。哪曾想老大接棒后，立刻犹如离弦之箭，感觉瞬间就漂移到了阿拉果身后。阿拉果兄弟膀大腰圆，铆足了劲儿往前奔。这边，老大步伐轻盈灵动，长腿一迈，像一头小鹿，在操场西北角的拐弯处与阿拉果持平。全场有瞬间的静止，短暂 1 秒后，立刻沸腾。几乎除了化工学院的同学外，大家的目光都聚焦在老大身上，只听得“老大加油”“加油老大”的声音此起彼伏。我们涨红了脸，喊哑了嗓，乐红了眼。那个时候觉得全世界最帅的男生莫过于老大！我想若干年后当老大获得“上海市青年经济人物”称号的时候，是不是还会想起彼时他的风光？那次赛后，阿拉果竖起了大拇指，由衷地佩服，一种惺惺相惜。老大在 2007 年评上“人物”之后，扛了两大箱哈根达斯来到学校同喜。那天刚好是我们的趣味运动会，有了冰激凌，我们战斗力倍增，我带领的第一组毫无悬念地获得了第一名。

彩虹高悬的大操场

## 相伴到黎明

我读书的时候，收音机就像今天的手机一样，和我们形影不离。最常听的两个频道无非是上广 103.7 和东广 101.7，甚至可以对每个频道每个时段的每档节目如数家珍。可能更偏爱 101.7 一些，因为它的名字：动感 101。每天从早晨 6 点到次日凌晨，几乎全天候地播放最新最精彩的音乐，堪称当时最具时尚魅力的音乐节目。一般总是从清早 7 点的“音乐早餐”到中午的“东方风云榜”，然后是“音乐万花筒”“中文金曲馆”，一直到半夜。不知是何时起，东广新开了一档深夜谈话节目，也就是后来名噪一时的《相伴到黎明》。真的是到黎明哦，这档近乎通宵的节目从子时一直到清晨。主要以热线电话的形式，由场外听众拨入，主持人聆心静听话筒那边的倾诉，然后迅速给予回应。言辞或温和或犀利。一段电话一个故事过后，就会插播一首应景的歌曲。打进去的电话多数是关于情感的倾诉。

我们会在熄灯号响起后，乖乖躺在床上，简短的卧谈会后，大家会不约而同地戴上耳机，调至 101.7，然后在音乐声中进入梦乡。偶尔会在半夜醒来，安静地听一个电话，跟着倾诉者一起欢乐或悲伤，也会哀其不幸怒其不争，然后听一听主持人的点评，在随后的音乐声中迷迷糊糊地睡去。更阑人静，只有耳机“沙沙”的声音。会在晨曦微露的时分蓦地醒来，赶得上主持人最后的告别语和最后一段音乐，新的黎明就到来了。

那个时候,《相伴到黎明》的金牌主持是叶沙和淳子。淳子平和；叶沙则是以犀利著称，绝不会拖泥带水，往往把话筒那边的倾诉者批得体无完肤，感觉很是不留情面，但这并不能减少我们对叶沙的喜爱啊！都觉得她每每总能一针见血切入要害，听上去总让人酣畅淋漓。

总是听着电波那边的音色，会在脑海中无数次地幻想主持人的容颜。他们究竟什么模样？是胖是瘦？是高是矮？是年纪大还是年纪轻？

大二那年的思想学术节，校社团联特意邀请了淳子走进校园和同学们面对面。消息传来，全校上下纷纷打听具体的时间和地点。现在想来，当时我们社团联的宣传手段真的了得，可以与今天的“饥饿营销”相媲美呢。我协助分管活动的波波部长近水楼台，先知道了活动地点，偷偷透露给寝室姐妹，让她们在当天吃过饭便直接去七中占位子。尽管当时没有微信、微博，甚至没有手机，可是消息仍然在第一时间像闪电一样迅速传遍校园。那天，等我和波波部长赶到会场时，距离见面会还有一个多小时，七中已经人满为患。社团联干部们当机立断，将会场调整至七大。话筒里通知的话音刚落，“呼啦啦”，七中转瞬间就成为一间空屋。我和波波关好七中的门想去七大时，发现台阶上全挤满了人，连二楼都上不去了。我俩面面相觑，绝对没有想到淳子的影响力竟然如此之大。思忖了一番，波波当机立断，到教室管理室借电话向团委老师报备，立马转换场地，将当天的活动调整至可以容纳 1200 人的大礼堂。这回我们没有立刻通知，只是叮嘱现场的工作人员维持好秩序。等大礼堂那边传来一切准备就绪的消息时，我们方打手势让站在七大讲台上的工作人员通知转场。相似的一幕再次发生，人群如潮水一般向大礼堂涌去。

等淳子姗姗来迟走进大礼堂时，礼堂里早已人山人海。学生们兴奋异常，也许是第一次如此近距离地接触偶像吧？我记得那天淳子穿长大衣，戴一顶红色小帽，言语一如往常的温柔。她和同学们具体讲了什么，我已经记不大清了，只记得那天，我神经高度紧张，一直关注着场内秩序，直到活动圆满结束，方才松了一口气。

后来，类似的名人倒是经常来校参加活动。我记得余秋雨也曾在大礼堂讲过《文化苦旅》，记得阿彦在七大聊过音乐，记得董卿也来参加过某个活动的开幕式……

我亦曾与陶海共同主持过活动，印象最深的是他的那条红围巾。

《相伴到黎明》不知道现在还有没有，这档节目在彼时我们的青葱岁月里留下了深深的印记，陪伴我们度过了无数个不眠的夜晚，令人难以忘怀。尽管现在电台距离我似乎越来越远，我也不会塞着耳机听着电波那头的声音打发临睡前的时光，只是，那些曾经感动过我的故事和声音将永远成为我青春记忆中的背景音乐，见证我对那段时光的无限怀想，永不磨灭。

1996年的思来学术节活动，那年商学院获得冠军。

169

## 绍兴的酒・臭豆腐

大四那年的春天，学院的铁老师、高老师带着我们一帮毕业生党员和入党积极分子，浩浩荡荡也有三十几号人，AA制，包了车去绍兴搞一次毕业生党员支部活动。据说这是学院这么多年来的第一次。

以往的绍兴是和乌篷船、越剧，西施、鲁迅，水乡、酒乡联系在一起的。因为这次活动，让我对绍兴有了更进一步的认识。原来这座千年古城，还有陆游的爱情记忆，秋瑾的秋风秋雨；有“崇山峻岭，茂林修竹，又有清流激湍，映带左右”的兰亭，也有“德泽被万方，轨范昭百代”的禹陵。更重要的，也是我们活动的主旨，那里是周总理的祖居所在地。

两天的活动足以让我们对绍兴城有了一个初步的印象。而印象最深的莫过于她的酒，她的臭豆腐。

我们住在文理学院的招待所。女生总是比较爱干净，安顿下来后就是一番忙碌，擦床擦凳擦桌子。等我们收拾好再去餐厅时，所有人都到齐了，只在老师那桌给我们5人留了位子等待开饭。老铁微愠，我急忙解释原因，旁边有人起哄说，罚酒罚酒。老铁竟然真的拿了三个杯子，说，喝饮料一瓶（1.25升），喝啤酒3杯，喝黄酒1

杯。年少无知造就的年轻气盛大概说的就是我。我看亚菁、风华儿她们面露难色，脑袋一热，大义凛然地端起了黄酒杯。老铁和高老师大概没有想到我会做如此选择，微怔。我抿抿嘴，在大家还没有反应过来的时候，一口气干下。女儿红的醇厚甘鲜甜蜜绵柔在口腔中迅速蔓延。全场几乎静止。等我喝完后，不知是谁带头鼓掌。我淡定地坐下，开始疯狂地吃菜。这一举动的结果，其余女生免于处罚，而整个晚上，也没人来和我喝酒。我乐得自在，将绍兴的特色菜尝了个遍。大家怕黄酒后劲上来，但看我也一直安安静静一如平常，眼神逐渐变为了那种稍有些恐惧的敬佩。似乎从那次起，“江湖”上就有了关于我的“传说”。不过，他们不知道，其实，我是真心感谢老铁给我这次机会畅饮绍兴黄酒的，毕竟女儿红的“6 格”(甜味、酸味、苦味、辛味、鲜味、涩味)不是随时随地都能品到的。那天晚饭后，我和风华儿溜达，一直不断回味。怨不得当年的陆游会写“天华寺西艇子横，白苹风细浪纹平。移家只欲东关住，夜夜湖中看月生”。

除却女儿红，绍兴的臭豆腐也是闻名遐迩。只是还未凑近，那浓郁的味道就让我们却步。我们在咸亨酒店转悠了半天，也只是买了点茴香豆，边吃边脑补孔乙己写字的情形。返程时，大巴刚发动，就有同学大喊：“什么味道?

好臭好臭！”果真是。车厢里一股浓郁的香臭味儿。良久，会计班一男生讪讪地拿出一个塑料袋，告知大家他临走忍不住买了一点臭豆腐，并热情地邀请大家尝尝。盛情难却，我们坐得靠近的小心翼翼地捏了一块往嘴里塞。本想屏住呼吸，一口吞下，奈何豆腐入口之后，感觉那股臭味自然而然就消失了，唯有香香脆脆的体验。似乎还没有回味过来，豆腐在嘴里已经消失殆尽了，只留一份特有的香气在唇边。有吃得快的同学赶紧再出手，却发现袋子已经空了。后排没有吃到的也被撩得心痒痒。大家竟然异口同声责备：“你说你，也不多买点！”老铁和高老师一言不发，眯着眼望着我们笑。

这是我大学四年中记忆最深刻的一次党员组织活动，也开了毕业生党员活动的先河。后来也随着学弟学妹学生们去过富春江，去过焦山，去过瘦西湖，只是，因为身份的变化，似乎找寻不到当年的那种感觉了，徒留那个美丽的传说还在流转。

我特意去问现在的小朋友，他们告诉我，现在在奉贤，晨跑是这个样子的：从第二周开始到第十四周星期五截止，每周一至周五早晨 6: 30—7: 15，风雨无阻。具体路线为：经学生第一食堂，绕田径场外围一周，至田径场看台下刷学生本人校园卡。一学期早操规定完成 15 次，缺 1 次体育课重修；早操超过 15 次，可以替代课外锻炼次数；课外活动总数完成 30 次（早操 15 次，课外锻炼 15 次）后，早操每多 3 次体育课总成绩加 1 分，最高可奖励加至 10 分；每位学生每天可记早操 1 次。

如今的条件，显然比二十年前改善了许多，有了固定的场地，也有了刷卡机器。但是我还是固执地想，或者，现在的小朋友是无法体会我们当年晨跑的乐趣的。

因为徐汇校区的场地有限，当年的晨跑路线是从所在宿舍出发，从东门出去，沿老沪闵路到梅陇路右拐，再沿梅陇路一路往西，到正门进。有体育老师手执姓名章早早等在校门口，接过同学手中的晨跑卡，蘸上印泥在相应的日期格里叩上姓名章。这样，一天的晨跑就大功告成，记录在案了。每周的体育课上要将晨跑卡带上，老师会在课前或者课后将每人一周的晨跑记录登记在平时成绩册上。

那时规定，每周至少3次晨跑，一学期跑满42次（似乎是这个数字，有些记不清了，问了好多同学，都忘记了），晨跑即及格。可以多跑，每多跑3次，体育分可加1分；反之，若未达标，则体育课成绩不及格。如果一学期全勤，则可加分。也可以趁气温适中的时候，一口气将42次全部跑完，之后便可高枕无忧了。体育好的同学自然是不用发愁的，有大把大把的分数可以挥霍。就像前两天在食堂吃饭和陶儿聊天，她得意地说，嗨，我体育好嘛，从来不操心晨跑，更不会去拿全勤奖，有的是分数给他扣，我可是要利用美好的早晨补觉的。倒是苦了绯绯，因为担心体育成绩，比如万一800米挂了呢？所以只能咬咬牙，风雨无阻按时出跑，只图最后的全勤加分可以适当弥补课程成绩。

也有人不担心体育成绩，就是纯粹地想跑全勤的呀！比如我（捂脸）。也许是骨子里的追求完美，也许是爱上清晨校园的宁静，我是一如既往地坚持早起晨跑的。

刚入学的时候，每日六点早起，换好运动衣、运动鞋，从宿舍出发，一路小跑奔向东门。其实等出了东门，离终点也就不远了。苦了我们这些住在校园西区的小伙伴们，从西到东，横跨整个校区，真羡慕住在东区的师兄们，抬抬腿就出了东门。老老实实跑完全程，已是微汗，气喘吁吁。若是气温高，那必是大汗淋漓。

一般到了早晨 6: 45，老师们就收好图章离开校门，一天的晨跑即告结束。诧异比我们晚起的男生，会比我们早到甚至提前十多分钟，竟然还一脸悠闲，丝毫没有一滴汗。难道这就是男女体力与速度的差别？明明胖晖说他 6: 30 才起床，以他的体力，怎么可能 15 分钟内从西区跑到正门？再不说就不借笔记以及上好佳、巧克力的威逼利诱下，胖晖悄悄说，其实，很多男生都是从宿舍楼下骑自行车，一路狂奔，到梅陇路的消防大队门口，有胆大者，甚至到卫生学校门口，将车锁好，然后轻轻松松地跑完剩下的百来米。(因为只有终点有老师，晨跑全程是无人监控的。)我们恍然大悟，愤愤不平之下，遂决定第二天也效而仿之。

只是我错误判断了“局势”的发展。等第二天早晨我比平日里晚起半小时，笃悠悠地骑着自行车晃到卫校门口时，只见两位体育老师冷冷地注视着我，食指一伸，“你，过来！”可怜初犯的我，竟然没有像旁边的男生一样脚底使劲，绝尘而去不予理会，而是乖乖地下车推行到老师面前。老师大概也没料到我会这般听话，刚想训斥，却发现我早已红了眼，之后反过来安慰，“下次不要这样了，今天算了。卡给我，下午来办公室拿。”其实我心里除了懊悔以外，最心痛的是快煮熟的“全勤鸭子”飞走了！悔不当初啊。人果然是不能投机取巧犯错误的。下午两节课后去体育系取回了晨跑卡，看看卡上的空白格，心中不免又是一阵唏嘘。

后来和其他同学自嘲式地交流时，他们一脸的惊讶和鄙视。我猜想他们肯定是痛心疾首，像我如此乖巧听话的孩子竟然也会做出这等蠢事，免不了心虚，讪讪说，初犯初犯，以后不会了。哪曾想，他们哈哈大笑，说，你太单纯了，这年头，谁还骑车啊？晨跑靠技术！懂不懂？技术！我一脸茫然。小卢和老赵说，他们寝室的哥们儿早练就了一手刻章的绝活儿，可以用橡皮将每个体育老师的姓名章模仿得惟妙惟肖。然后只需每日里去趟体育系，从黑板告示栏里看清第二天执勤的是哪位老师即可。我听得目瞪口呆。我身边的女生还停留在每日里叩完章后，迅速合起，让尚未干透的印泥印在卡的另一面，登记的时候，趁人多老师不仔细看也可糊弄过去的初级阶段呢！和男生们的手段相比，简直弱爆了。

我不知道后来这些技术有没有被老师们的火眼金睛识破，我也无暇顾及。因为等进入大二后，感觉自己不再是一颗小青豆了，行为举止也带上了刻意的老成。不屑于每日的实打实的跑步，而是像当年的学长学姐们一样，戴着耳机捧着英语，将一场晨跑硬生生地演化为英语晨读。我现在一直自豪地跟学生们说，老师当年可是坚持每天 5: 15 起床，然后晨跑，然后去“室外桃源”的小河边朗读一小时英语。学生们往往张大了嘴瞪大了眼，一脸钦佩。不过，坦率说，清晨五、六点时的校园，真是别有一番风情，尤其是深秋初冬时节，校园里几乎没人。独自走在校园里，有淡淡的晨雾，深吸一口气，一股泥土的清香扑鼻而来。偶尔几声鸟鸣，耳边似乎传来露珠滚动的声音。

晨跑只需跑两年。大三的时候，各个学科组解散，我们离开基础部，分别进入各自的专业学院。只是我倒养成了早起晨读的习惯，一直到毕业。

1997年毕业后，
同学代表回学校
种下一棵雪松。

1997年6月1日，
班级男生带我们女生
去过儿童节！

留言　　　　那些活动

晓南

一战成名。

老大

昨晚还试着跑了 800m，可惜膝盖已经经不起剧烈运动。

| 太阳转身

哪怕你只能跑 80 米了，还是我们心目中的英雄哦！何况你还能在金陵路上和电驴子赛跑！

May

改走路。膝盖不好还可以游泳。

于局

拈叶飞花啊！（强）

清欢

我对跑道的记忆比教室还多……但记得 6 月的入党发展大会上，欧阳提的意见是“腿粗”（捂脸），耿耿 20 年！（龇牙）

ENVAN

这文章总感觉有些熟悉。

| 太阳转身

证明你在现场。

珏菁

大二的时候老大还搞了个 8848 攀登珠峰的接力赛呢。

棍棍

晨跑。（捂脸）

留言　　那些活动

文欣

晨跑永远停留在及格的边缘。(捂脸)

Jianming

其实那个时候，也有男生冒险从一四村出去，再折返至正门。不过风险大多了。

小耳朵

我依然会清晰地记得 1997 年 7 月 1 日我们一起看香港回归仪式，后来我们一拨人逛到校外的东北小饭馆，一盘清炒土豆丝，一碗番茄蛋汤，谈笑风生，吼了整晚的《为爱痴狂》。

北方嘉禾

好美的文字。记忆里的美好，一旦可以流于文字，无疑，绝对的美好，因为，文字的表述已经有了升华和超越，即便不如此，也是真实的回忆。感同身受!

远人

读你的文字，可以无视或者感觉不到世俗的困扰，伴随的是被你引导着回忆那时至美的时光年华！如此奢侈，但有回响!

易名

无爱或者枯竭爱意的人生，将会怎样？不可想象。你做的，无关他人的意义，你感觉到了那份美好，难得!

风摇翠竹，

小径通幽。

竹笋初生黄犊角，

便是桃源四月天。

# “宅”外桃源

你不一定知道这个地方；就算你知道，你也不一定去过；就算你知道并且也去过，你也不一定知道原来它还有这么一个浪漫的别名。

已经记不清是谁跟我提及的这个地方，也记不清第一次是什么时候去的这个地方，只记得，第一次听到这个地方，就深深地因为它的名字而喜欢上了这个地儿。师兄师姐告诉我们，他们把这个地方叫作“室外桃源”。我不知这个名字的由来，毕竟这里没有桃花，也没有《桃花源记》中所描述的“忽逢桃花林，夹岸数百步，中无杂树，芳草鲜美，落英缤纷”的景象。它只是校园一角，与校医院隔河相望，从团结楼前的小径踱进去，渐渐地，眼前的绿意渐浓，大片大片的灌木丛，一棵棵挺拔的大树，遮阴蔽日，掩去了外界的喧嚣，独留一方静谧。有淡淡的花香飘来，似有似无，忽远忽近。蓦地眼前一亮，原来小径的尽头，竟然是一个小坡。拾级而上，坡顶有一座小小的亭子，颇有些江南水乡亭台水榭的味道，只是多了一份安静，就像一位隐者，遗世独立，会让人想起那样的诗句：清晨入桃源，初日照竹林。曲径通幽处，亭台花木深。湖光悦鸟性，树影空人心。万籁此都寂，但余虫吟音。

那年六月的时候，栀子花开得正艳，空气里到处弥漫着甜腻的花香。其实每年到了这个时候，也就意味着分别。我们是在食堂门口遇到大伟学长的，他是我们联谊寝室的一员，是校内知名的学生活动领袖，会唱戏会跳舞会乐器能说会道，总能把自己身边的人逗得开怀大笑。我进校后自认识他以来，似乎从没有见过他不高兴的时候。可是那天，我分明觉得他不开心啊！我没心没肺地笑问："师兄，你卖了吗？卖哪儿了？卖多少？"大伟学长咧了咧嘴。我怎么着都觉得有一丝无奈与苦涩。于是，一拨人买了矿泉水顺着小路去了桃源坐坐。那一次，我第一次听到了一个来自农村男孩的励志故事，听到了他的梦想与现实之间的无奈。我们随着他的描述快乐着他的快乐，悲伤着他的悲伤，为无奈扼腕。末了，学长说："丫头们，我明天就要离开校园回老家了，你们一定要好好学习，一定要好好的，师兄相信你们。"那一刻，我们突然意识到分离来得那般迅疾。第二天一清早，宿舍门口的传呼器里传来阿姨的声音，我急匆匆披衣下去，阿姨交给我一个信封。打开一看，原来是大伟学长在临行前送来的，他写道："丫头们，师兄走啦。我走的时候，不要你们送。希望我回来的时候，无论风雨，都有人来接。给你们买了电影票，好好过周末！"我拿着留言和电影票回宿舍，一屋子鸦雀无声，明姐登时红了眼睛。

2010 年秋，我和丹彧、毅少在奉贤大活 419 讨论活动方案时，办公室门口突然传开陌生又熟悉的问候声，我迟疑地盯着门口那位风尘仆仆的中年男子，记忆里的脸庞逐渐在眼前重合：是大伟学长！十多年未见，学长的脸上已明显刻上了岁月的沧桑。如今他早已实现当初毕业时的梦想，已成为一家知名企业的老总。这次是来沪开会，回学校看看，顺带参观一下从未见过的新校园。在学校网站上查到了我的办公地址，抱着试一试的态度来碰碰运气。没想到我那天正巧在奉贤。那天，我们学院的小朋友们都围坐在他身旁，听他讲当年校园里的奇闻轶事。学长还是那般健谈，但是在言语中又夹杂着生活的感悟。我静静坐在一角，望着他们言笑晏晏，心里有一种温暖与感动，还会想起那年那个傍晚，青涩、倔强的少年聊起未来生动的脸庞。

桃源的安静，确实是促膝谈心的好场所。我和小伙伴们经常在自习累了或者饭后晃到这儿坐一坐，随意拨弄拨弄脚边的野草，倚着亭子的栏杆发一会儿呆，听风过竹林的声音，偶尔一只肥猫从草丛中窜出，晶亮的眼睛警惕地望着我们，又倏地钻进树丛，霎时遁无踪。

更多的时候，我会在晨跑结束后，携一本英语书来到这里晨读。四年下来，我在这里读完了《新概念》。也曾经在清晨的时候，对着空无一人的竹林，一遍一遍低声练习着参加比赛的讲稿。冬天桃源的早晨，清冷寂寥，只有我叽叽咕咕，嘴里的热气在空气中化成一团团雾气。周遭一片安静，却使得头脑一片清明。

毕业工作后，被繁杂的事务缠身，不再晨读，便也久久不再光顾“室”外桃源。2016 年 1 月，我在撰写文章时，因为不满个别段落，久写不顺，一阵焦躁，忽地想起“室”外桃源，突然就有了一种想到现场的冲动。立马开车来到校园。假期的校园，安静，带着冬天的清冷，我一如当年第一次走进桃园，洞洞属属，慢慢地走向林间。一别二十年，有一种久违的亲切与渴盼。

还是那些树，那些花，那片竹林，还是那般静谧。有不知名的惊鸟，从枝头掠过，飞向天空。“咪呜”一声，有黑白小花猫从河边慢慢踱过来，焦躁的心竟然一下子就安静下来。第一次来这里的果宝欣喜万分，兴奋地追着猫咪，绕着亭子奔跑。

其实很多人都来过这里，只是也许都不知道它还有这样一个浪漫的别名罢了。我不由又想起当年那些朗读的早晨，想着每年桃源盎然的春景，那时的桃源，风摇翠竹，小径通幽。竹笋初生黄犊角，便是桃源四月天。

# “窗”外桃源

留言 “室”外桃源

Kelly
我知道是哪里。(得意)

Yikeke
在校工作了30多年，这个地方我只去过3～4次。确实，这“室”外桃源僻静得不易入眼。文章也很幽静、唯美，喜欢。(玫瑰)

大头
前几天还和臭臭路过，他非要进去探险，被里面硕大的蚂蚁吓出来了。

哆啦
看来我要去里面吸吸氧气，为了我那十万字。(捂脸)
| 太阳转身
今年冬季估计可以了。冻得思路清晰。(偷笑)

Jianming
看来你晚上没去过“室”外桃源，那可是热闹的恋爱角。
| 太阳转身:
你好有经验。(偷笑)

哼哼
旁边是不是团结1、2、3、4楼?
| 太阳转身
对的，现在已经修葺一新，改建为社会学院、法学院和社会科学高等研究院。

水中月
暑假回学校转悠，路过，看到团结楼在装修，这栋我曾经去过很多次的团结楼，终于也披上了绿色的维修纱幔。关于那间小屋关于这栋楼，很多记忆就这样永久定格深埋心底了。

月上树梢
小屋里的那盏灯，会在我内心深处一直亮着。

校医院

校医院
校医院

和校医院的情分总是那般不咸不淡，总是那般又爱又恨，可是，不管在哪里，华理的每个角落都有华理人自己的故事。

校医院一向是个让人又爱又恨的地方。我大概是十足十地遗传了奶奶的执拗，对医院敬而远之，总坚定感冒吃药两周好，不吃药十四天好。加之爸爸又是药科大出身，自小我就坚信“是药三分毒”。进校以后，除了必要的体检之类，极少涉足校医院。

校医院不大，在校园的西南角，靠近七教，临河而建，是一栋三层小楼，白墙红窗。校医院的内设部门简单却也涉及各个治疗诊室，也有专门的住院部。

细细想来，大学四年，我与校医院打交道的频率几乎就是年均一次。

大一期末考试的时候，班上有女生估计因为紧张，加上身体本身不适，考卷尚未提交，就脸色发白摇摇欲坠。幸而就在四教，我们手忙脚乱，将同学抬着送到了校医院。早有男生先一步找了医生，等我们到的时候，主治医生已经候在了门口。比之我们的焦灼、混乱，医生镇定多了。她指挥我们，将几乎晕厥的同学扶到门边小床躺下，然后将闲杂人员一律赶出去，免得人多导致空气不畅。我是留在治疗现场的，亲眼看见了医生轻言细语询问同学哪里不适、中午的饮食、近期的作息等，并在相应的身体部位摁压、听诊。约莫半个多小时，我看着同学原本苍白的脸慢慢有了光彩，嘴唇也渐渐有了血色。女医生不知从哪里又泡了一杯糖水端进来，将同学扶起，半靠在自己身上，将糖水喂给同学喝下去。待同学差不多缓过来之后，又轻声叮嘱她这几天的注意事项，旋即抬头又叮嘱我们在考试期间也要注意自己的身体。医生还特意对我说："瞧你这么瘦，更要注意哦！"我忙不迭地点头，扶着同学下床，心里如室外的骄阳一般，被暖得烫烫的，几乎忍不住要落泪。

大二初夏，可能在睡觉的时候不小心被毒虫咬了，同宿舍大姐的左脸颊上起了一个肿块，又红又痒，用风油精抹了好几天不消退。遂去校医院配了一盒外用药膏，每日净脸后涂抹于患处。未曾想两天抹下来，肿块非但没小，竟然还有变大的趋势，甚至中心部位开始有了溃烂的迹象。爱美之心人皆有之，更何况十八九岁的少女。大姐看着镜中的脸，忍不住悲从中来，又急又怕，在宿舍里不停地抹眼泪。我们也急坏了，赶紧陪着大姐再去校医院。医生看了半天，也判断不出来，建议转到华山医院皮肤科就诊。正准备陪大姐出门，医生突然叫住了我："你是她同学？"我点点头。医生拉住我，盯着我的眼睛仔细看了又看，然后严肃地说："你赶紧去眼科医院看一下眼睛，你看，你眼白有些发黄，恐怕有些不好呢。"我登时如五雷轰顶，全身的血液都往头上涌，胸口堵堵的，透不过气来，似乎连迈步的力气都没有了。大姐也傻了，两人执手相看泪眼，互相搀扶着出了校医院的门。好在班级同学比较热心，迅速安排好陪诊分队，兵分两路，直奔华山医院和五官科医院。结果有些喜剧性。大姐花了一元钱在华山医院配了一盒自制的白色药膏，抹了一天，肿块开始变软停止流水，三天下去，基本搞定；我则是被五官科医院眼科的医生质疑了一番："你没问题啊，干吗那么紧张？"一场虚惊。这次误诊的结果，使我们在很长一段时间对校医院避之不及。

大三的时候，轮到义务献血。那个时候献血不像现在这般，直接撸袖子上前，而是要经过相当严格的两次体检。第一次是测体重，过重或者过轻的都会被直接刷掉。只有体重合格了，才会在一周后进行第二次体检，主要是检验血型和血质。只有这两次体检都合格，才会领到由血液中心分发的献血卡。献血卡只有巴掌大，上面写着献血者的姓名、性别、身高体重，最关键的是血型。据说那年，好像是机械学院吧，有一位熊猫血的同学，血液中心专门派车将他接过去献血。其余的同学都是在八角亭完成献血任务。我去参加第二次体检的时候，校医院的医生很是鄙视，看着我的身高和体重，只淡淡地问了我一句："你来的话，是给别人献还是别人给你献？"令我羞愧不已。汗颜之下，我主动请缨，负责全班献血同学的后勤保障。我记得自己骑着自行车，和亚菁、风华儿风风火火，生平第一次去长桥的菜场买活鸡回来熬鸡汤，去康健的小市场和老板娘讨价还价，买回红枣给同学们煮红枣粥补血。前前后后忙乱了好几天，等大家献好血喝好汤吃好粥，我也累趴下了，躺在床上狠狠睡了两天，被前来探望献血同学的老铁老师好好嘲讽了一番。因为据说献完血的男生们竟然在当天下午以何镇长为首已经驰骋在足球场上了。叫人情何以堪!

大四的一次课堂上，许久未犯的胃病突然袭击，痛得我直不起腰，勉强趴在桌上坚持到下课就让风华儿陪着去了校医院。刚巧有外面医院的医生来出诊，毫不犹豫地给我预约好时间开了一张胃镜通知单。我不知其所以然，捏着单子往宿舍走，路上偶遇工贸班的老蔡，听说我要做胃镜，老蔡一下子变了脸色。我吓一跳，细细追问，老蔡支支吾吾，大意是他之前做过胃镜，过程似乎很痛苦。我顿时觉得整个人都不好了，接下来的几天都是在做与不做的纠结中挣扎。到了预约前一天，我遵医嘱禁食，忐忑了一夜之后，还是由风华儿陪我去校医院。医生是个和蔼的伯伯，接过我的病历，示意我放轻松，并和我随意聊了几句。简单的咽部麻醉之后，医生伯伯让我松开领口，侧卧在检查床上，头部前倾，双腿屈伸，轻轻咬住牙垫。嘴巴旁边还有一个盘子，之前不知道是做什么用，等开始检查后我才知道那是用来承接从口腔中流出的唾液的。医生一边跟我唠嗑，一边开始娴熟地检查。我咬着牙垫，感觉着胃镜在我身体里旋转，有些犯恶心，忍不住发出呕声，觉得有些不好意思，又憋不住，想闭上嘴，又有牙垫撑着，口水不受控制地往下淌，眼泪止不住地往下流，形象大毁。医生伯伯倒是见多不怪，一边检查，一边夸我："妹妹，老灵额，勇敢的。"我一时哭笑不得。也不知过了多久，只觉得口腔里一阵轻松，医生伯伯的一声"好了"犹如天籁。我抹着眼泪擦着嘴，安静地等在一旁。医生伯伯告诉我过几天拿报告，这些天注意饮食和作息，关键还是要养胃。我点点头。临走，医生伯伯又来了句"乖囡"，口气像对刚出生的毛毛头，我明明二十了好伐！

出检查室，没想到外面好多人，风华儿、老蔡、尘戈他们都来了，见我出来，忙上前嘘寒问暖，问检查结果如何。心里顿时暖暖的，刚刚检查留下的不适似乎烟消云散。猛一抬头，看见昨天还在外地出差的王老师也过来了，更是嘚瑟。听说没啥大问题，王老师笑说要请大家打牙祭地点任选。我兴高采烈正想张口，又听得一声："肯德基除外。"顿时泄气。后来我在四食堂喝了一学期的粥，胃也慢慢养好了。

好像与校医院的情分就那么渐渐淡了下去。奉贤校区建好后，更多的医生都驻扎在海边了，原先我们读书时候的医生们也纷纷退休。再过那栋小楼，都是些陌生面孔了。唯一不变的，还是那种又爱又恨的感觉。

我在写这篇文章的结尾的时候，突然想起那年 Dora 和李检大婚前夕，臭臭和果宝分饰男女主角，庆升掌镜，大头场务，我编剧，根据现实剧情在校医院再现了一段医院情缘，作为新婚礼物，在婚礼现场播放。彼时看着新郎新娘诧异、激动，转而落泪的样子，我们得意非凡。所以说嘛，华理的每个角落都有华理人自己的故事。

# 校医院

留言 校医院

雨

有一次我发烧，在校医院吊盐水，医生看着我脸上的青春痘问我，你是不是发水痘啊？（大哭）还有一次，患了结膜炎，校医院给我配了个眼药水，是两种药剂混合的，我点到眼睛里后，直接吐了，眼睛也没好转……后来去了六院，滴了两三次就好了。（大哭）

| 太阳转身

是啊，那年我高烧快 40 度，浑身发抖，医生说你乱动什么！回去睡一觉冷毛巾敷敷。还好那天毕业的学生回来看我，叫了车子送到医院，咽喉已经发炎有脓了，差点肺炎。（捂脸）

哆啦

一段故事，一段缘。还记得我扭脚被背进去，医生说，老师还哭，顿时熄火。（捂脸）

大头

每次去看感冒引起的喉咙痛，都被医生诊断为咽喉炎，然后给我开四盒我闻着味道就会吐的慢咽舒宁，说你这是慢性咽喉炎。（捂脸）

汪洋

以前对只会开转院单的校医院超无语，不过后来了解了一下医疗制度，大医院人满为患，校医院应该和社区医院差不多吧，功能在于分级医疗，确实不能拿正规医院的标准要求之。（微笑）

雨

怎么又爱又恨里我们都遇到“恨”了？（捂脸）

留言　　校医院

哆啦

每天上班都会经过数次，从来无感。细细读完每个字，竟有些泪目了，就像有些事有些人，默默陪伴十年二十年的光景，心中有爱，恨也珍贵。

开心豆爸爸

胃病要喝粥养一学期啊？我现在胃也不好。说起献血，我当年也是体重差一斤不达标，结果主动承担了后勤工作。我记得很清楚买了好几只鸡。拿到四食堂熬鸡汤。结果汤太多中午没喝完，没办法把剩余的鸡汤灌了好几个热水瓶带回宿舍。结果天热，到了晚上就全馊了，那打开瓶塞时的味儿永世难忘！热水瓶怎么洗都觉得洗不干净那股味儿，只得再去买了几个新的！回忆杀啊，哈哈！

老幺

竟然记不清在哪个角落了。（捂脸）

1 2 3 4 5 6 7

22年前的今天，我完成了人生中最重要的决定与宣誓。今天大雨大风，浑身湿透，还是特意在下班后到一教（当年的基础教育学院）转了转。我心如初，就像那些楼，一如从前，安安静静，那些故事似乎就在昨天。

我们读书的时候，教学楼从一教编排到七教。二十年过去了，现在徐汇校区最新的教学楼编号是八教，当然不包括新增的实验大楼，还有海边的奉贤校区。

一教不大，小小的一栋三层小楼，坐落于大草坪的东边，求实路旁边，楼前就是著名的莲华池，楼后是开阔的树林。我们读书的时候，一教已经改变了其教学楼的性质，成了基础教育学院的办公楼，各个学科组分室而居。我第一次走进一教，是小蔡通知我去参加高党小组讨论。等我辗转反侧到达时，讨论已经热火朝天。我讪讪地寻教室角落里的位置，一度对我的迟到讨论而忐忑不安，因此在之后的高级党校活动中一直积极主动，养成了我守时的好习惯。我在当期高党毕业后就被发展为预备党员，我记得是黄银山老师代表党组织与我谈的话。黄老师意味深长，聊动机，指不足，论改进，一席话令我醍醐灌顶。2013 年我与学院新发展党员谈话时扬眉吐气地说："我的党龄比你们的年龄还长呢！"学生们倒抽气，我则得意扬扬，一种老党员的自豪感油然而生。

1998 年的时候，基础部撤销，一教后来成为城市管理学院的办公楼。我也曾经应学院书记朱育红老师的邀请，给城管学院的女教师们编排过服装展示队形。年轻老师们身着职业装，在正门大厅变换着队形，穿梭行走，一室的青春气息。

2007年，学校为迎接教学评估，对现有的专业学院进行了整合。城管学院的内设专业分别合并至商学院和艺术设计学院。一教随后也更改了用途。现在的一教，一楼是校学工部日常事务及就业指导中心的办公场所。就业高峰期的时候，毕业生们揣着三方协议，小心翼翼地来一教签字、敲章和学校签约。也有因为这样或那样的原因，想要解约的，一脸的焦灼，在中心老师的耐心解答下，紧锁的眉头渐渐舒展。现在的一教二楼，是马克思主义学院。甫进大厅，每每总是大大的宣传海报，预告着一位位业内大咖的讲座信息。

一教之前的莲华池，小巧精致。记得读书的时候，有小鱼历历。每每夏至，朵朵睡莲羞答答地悄然开放，堪为校内一景。我一直以为是因为这些莲花，又在华理，所以有“莲华”一名。今年春天池畔樱花盛开的时候，小盖在朋友圈里发文说：“徐汇校区莲华池畔樱花盛开。这株华理树型最美的樱花树由池田大作赠送于2007年，至今已成校园春日胜景。池田氏及其担任名誉会长的创价学会属于日本新兴宗教日莲正宗，该宗奉《妙法莲华经》为根本大法，故莲华池的“莲华”二字，当取自法华经。”我比较懒，也没有去档案馆求证。其实也是因为喜欢小盖的论

90年代的一教

如今的一教

一教莲华池

断，颇有某种宗派的范儿。

提及二教估计很多人都是一片茫然，我其实也犹疑不定，后来还是打电话跟大妈妈求证，她可是老华化，必定没错。二教就是现在的计算中心。我记得当年的计算机上机都是在那里进行的。偌大的机房，上百台的电脑一字摆开，声势浩大，惊呆了小伙伴们。彼时的电脑还是386普及，少量的486，敲击键盘的时候都是慢慢的、奢侈的幸福感。那个时候学dbase，学fortune，上机课通常安排在周六或者周日。懒懒一觉醒来，突然发现离上机时间所剩无几，踢沓着鞋子，胡乱把头发扎起，路边小铺买一个馒头，带着尚未散去的慵懒，冲进机房坐定。带机老师往往是相关专业的学长。每每那个时候，总恨不得爹妈生得自己一副国色天香闭月羞花模样，因为好看的女生的的确确会得到老师额外的关注，不会做的题目自然有老师轻声细语逐字解释直到弄懂为止，而我的待遇充其量也就是“看书慢慢想”。所以，当最后一门语言课考完，我的内心是无比轻松雀跃的。

紧挨着二教的就是三教。三教是华理徐汇校区最具特色的教学楼，东、南、北三面分别被树林包围。典型的苏式建筑。整幢三层小楼自成一体，有点四合院落的味道。楼南北两边有回廊，中间是一个长方形的天井。我记

二教资料照片

如今的二教正门

得读书的时候，除了南北两边的阶梯教室，西边的三阶上、三阶下，其余教室里的桌椅都是最普通的课桌椅，椅子甚至是长条凳。没错，就是跟过去农村的长条凳一样，可坐两人。若是一人想挪动下，则另一人也得起身。坐的时候还要注意尽量不要只坐凳角，防止同桌突然起身而人仰凳翻。

我一直记着东边的几间教室，面积够大，当时班级搞活动，可以通过教室管理科登记预借。三教东边教室里的桌椅都是可移动的，可以根据活动需要排成各种形状。彼时我记得大专班每周末的班级舞会就放在三教，一度吸引了好多工科学院的男生，他们每周总是守时而来。

三教最让我难忘的是三楼转角的一间小教室。那是一间极小的、近乎封闭、逼仄的教室，有高高的气窗。我一直记得，大三陆军老师给我们开设《市场研究》课的时候，恰是学年第二学期，逢上海六月闷热的黄梅天，陆老师边讲边写板书，两块黑板轮流，写满擦掉再来。不知用了多少支粉笔，只看得粉笔末无声飘落，讲台上迅速蒙上了一层白粉。一堂课的时间，竟然写了七、八面黑板，陆老师滔滔不绝，声情并茂，汗水湿透了衣裳。我毕业后留校做老师，每每上课的时候，总会想起陆老师充满激情的授课，自己不由得就像打了鸡血般兴奋，似去赴约。看台下求知若渴纯真无邪的眼神，顿觉这份职业的神圣。

现在的三教是商学院专业学位中心。2008年的时候，重新进行了装修。如今的三教，红砖灰窗，金色的招牌在阳光下熠熠生辉。教室的桌椅都换成了新式的。根据教室大小，分成各类阶梯教室、案例讨论室、办公区，三阶上和三阶下尤为高大上，许多高端讲座往往固定于此。

透过108教室的窗户，可以看到三教北边的水杉树林。我记得当年和陆老师在108监考时，他曾经跟我说，当年，他进校的时候，小树苗只到窗台高。现如今，建校65周年了，我们也毕业20周年，这些当年的苗苗早已成为参天大树，挺拔俊秀，阳光穿透枝丫，树影斑驳。

东边的杉树林下种满了蒲草。读书的时候，有不少同学会选择在林子里的石凳石桌上自习。2016年，六力文化传播公司的张董在商学院设立了“双创实验室”，意图为大学生提供免费的导师辅导、创业培训、创业服务等内容，线下组织大学生开展创意大赛、电商运营大赛、广告设计大赛等多项活动，线上通过“六力双创好药师”平台帮助大学生团队运营“名特优”大健康产品，培养学生的实践和创造能力，帮助大学生实现创业梦想。我以为这一切的背后是因为他的校友情怀，轻问是哪届校友？这位擅长太极、书法等中国传统文化的医药界营销高人笑而不答。临走时告诉我，在他初创业时期，一度借居于华理男生宿舍，就在三教东边小树林的石桌上历时半年完成了他人生中的第一部专著。那天他特意坐在当年的位置，让助手拍了照片，发到朋友圈里。也是一段奇缘了。

南边的树林里大部分是香樟树，高大挺拔。我们读书的时候，树下都是高大的灌木丛，层层叠叠。夏天下晚自习的时候，常常会有不知名的小生物飞过或爬过，时常引起女生（偶尔也有男生）的尖叫。江毅倒是特别喜欢在夏天的晚上，捧一水杯坐在河边石椅上。据她跟大侠讲，到下自习铃声一响，看人群呼啦啦地往宿舍区赶，唯有她淡定如初，看见帅哥，忍不住一声口哨，夜色下掩盖了彼此的脸红与羞涩。

现在的树林，多数时候是太极爱好者的天地。悠扬音乐声起，行云流水的动作。商学院在 2013 年 6 月 19 日的时候，在小树林为当年的毕业生举办了一场小型毕业酒会。彼时的孩子们身着礼服，从青春桥上的红毯施施然走来，一时间晃了眼神。

穿过小树林，过迎宾路，就是四教。当年四教的桌椅都是木质的。四教东西两头的教室都是可以容纳百人以上的大教室。那时的高数、政治等大课都安排在四教。偷懒的时候，会从后门悄悄进来，窝在教室后排。课堂上偶尔

三教

1984年
四教南侧的小河
十几棵柏树，
石驳岸刚建。

绿树掩映中的
四教

发发呆，或是开小差给远方的朋友写封信，并把信纸折成不同的花样。读书的时候，也会听到种种校园传说，班级里的男生、女生结伴晚自习熄灯后不走，留待“半夜探险”，最终被打扫卫生的大爷的手电筒的灯光吓得瞬间毛骨悚然翻窗落荒而逃。

# 五教

四教南面，青春河缓缓流过，河对岸就是五教。感觉上当时的五教比四教更旧。我每每进入五教，最羡慕那些机械学院等需要工程制图的专业。为了制图方便，每个班级在五教都有固定的专业画图室，每位同学都有固定的位子。逢考试季，只有他们笃悠悠地吃饭、打水，绝对不似

当年建成不久的六教

当年的六教

如今的六教

我们下课后先拿作业本上蹿下跳去占自习位子，高峰的时候，只敢轮流回宿舍打水，去食堂吃饭，唯恐一个转身就失了座位。这般辛苦想必今天的学生们是无法体会的吧？如今的五教是社会学院和法学院的办公楼，还保留了部分教室。

不知道当初的建设方案，六教倒是与一教两两相望，就在一教的正南边。现如今外语学院就落户其中。我记得当初的英语课基本都在六教完成。在听力室，我第一次听到了 Honolulu（火奴鲁鲁），听到了正宗的 BBC、VOA。六教最厉害的是蚊虫，本科四年，我有 3 次在放暑假前在六教自习时被毒蚊子所叮，一肿一大块，最严重的那次，甚至腿肿得不能走路，还发烧，整个人蔫不拉几地被同学送回家。

最后说一说七教。这栋教学楼承载了我大学本科四年太多的回忆。基本上四年的自习我都是在七教完成。我是一个执拗的人，很多个夜晚和白天自修时光，我都是在七教 307 教室中间最后一排度过。

七教的设计循规蹈矩，一共五层。从东边的正门进去是大堂，左手边就是著名的七中和七大。走廊两边是中型、小型教室，每层 8 间。走廊尽头教学楼最西边又是一个开阔的天井，天井两旁是七教的大阶梯教室，一共8间。

大一第一学期，第一次参加学校思想学术节的演讲比赛，初赛就在七教。原以为是事先写稿，到了现场才知道是当场抽取题目，提前5分钟准备，然后即兴演讲。登时整个人都觉得不好了，我撒腿就跑。班长在后面穷追不舍，努力劝说我返场，我坚决不从。其实心里是害怕万一抽到的题目不会讲，那才丢人丢大发呢。几乎全班同学都围拢过来，各种劝解，连主持人也闻声出来哄劝，甚至有男生拽着我就往教室送。我死活不同意，万般无奈委屈之下，我紧紧抱住了天井里的柱子，痛哭流涕。(真的，现在回想起来，真是丢人丢到姥姥家了。)僵持不下的时候，程导如天神下凡，来到我身边。我到现在都不知道是谁通知的她。老太太在我耳边说："丫头，我们先去抽号，要是那个题目你会讲，你就好好参赛，要是不会，我就掩护你撤退，好不好？"我哽咽着问是不是真的。程导冲我点点头，又挤了挤眼睛。我顿时觉得天都亮了，乖乖地去候场教室排队抽题。也许是手气好，我抽到的竟然是论时间的价值。嗨，信手拈来啊！程导见我进入了准备状态，就招呼着同学到113教室去为我加油。那天的初赛，我获得了预赛第二的好成绩，第一是学校知名的冠军王。一周之后的决赛，我至今记忆犹新。那天，大专班和本科班的同学都去了七中。这一次，我从容很多。等我演讲完走出赛场的时候，只听得教室里哄的一声，然后看孙哥哥喜滋滋地奔出来说，厉害，连背景上的字都掉下来了，主持人说你余音绕梁呢！我理所应当地获得了一等奖。从某种意义上来说，这次比赛应该是我在华理演讲生涯的开端。因为从此之后，我就霸着此类竞赛的冠军直到毕业。从这层来讲，七教是我的福地。

我做笔记认真是全院闻名的，考试季的时候，就会有不少同学来借笔记。那年考政治，考前答疑的时候，工管班的维晓看我和风华儿两手空空地去答疑室，好心提醒说，有宝书呢，要不要？等我答完疑借给你们去复印。我俩为了制胜宝书，在教室外乖乖等了一个多小时。拿到资料的瞬间，风华儿大叫继而大笑继而问维晓，“你知道这份资料的原版在谁手中吗？”她指了指我，“就是她。”原来，不知道是哪位同学借了我的笔记复印，然后就此传播开来，甚至据说有一位热心的班长为全班每位同学复印了一份并装订好送到大家手中，维晓手中的也不知是第几版了。

有一天，我突然发现，七教三楼的各个教室里都分布着我们班的同学。阿朱对我说，每每坐不住溜出教室，从307教室后门看到我坐在那里认真学习，心里就一下子安

90年代的七教

当年的七教东南角

修葺后的七教

阶梯教室回廊

七教教室

静下来，就会觉得不应该浪费时间，马上回到教室继续学习。我倒是不知道我还有这般安神静气的效用。不过，那个时候，自习期间倒是接受了来自同学们的许多物质馈赠，小到一块糖，大到苹果、红枣还有水煮濑尿虾！

工科同学因为要进厂实习，多数时候，期末考试总在商学院之前结束。好多次，我们还在苦苦复习迎考，他们已经潇潇洒洒地嗨皮了。最受不了的是，有一次一个男生竟然背了一书包武打小说，还占了第一排的位子，看得津津有味，不时还与旁边同道中人切磋一下。直看得我咬牙切齿，发誓等哪次有机会，也提溜一大包小说在别人的考试季窜进教室看个昏天黑地。当然，最终这仍然是个美丽的梦想。

我第一次走上讲台，正儿八经为学生讲课也是在七教。阿井、朱小弟，这些曾经的懵懂少年，如今都是业内翘楚。留在校内的知名学生非坚处莫属。

2017 年初，七教修缮。如今的七教，秉承了三教、四教的色系，带着英伦的风范。

2001 年的时候，学校在研究生楼东边又新建了八教。不过，那于我只是授课的讲台。

现在的本科生教学大部分已经转移到奉贤校区，那里的 A、B、C、D 教大气恢宏，楼前是大片开阔的草地。

有北方高校的老师去参观，回去后写道：

上一次去，微雨清风，上下空明，湿漉漉的雨把所有新新的建筑着上了浓浓的深色，呼吸里触觉里到处都是湿润洁净。小雨似浓雾，却一点儿也不遮挡视线，从车里出来，用不了一会儿，极小的雨聚攒在衣服的绒毛上，结成了露。春天里的草地，还有簇簇的淡黄，草地在苏醒着，黄绿相间的油亮，静静地躺在车场的旁边，一直延伸到在水泥路的边。

这里是海边的一处校园，奉贤海湾里一座崭新的校园，和多数的校名一样，也是六个字，却显得颇有气派。校园建筑的基色是红，因为雨的缘故，已经不好分辨是哪一种红，总之是极强烈地区别于云的白、海的蓝、草的绿、路的灰，好分明的红。

与其他近期建起来的校园并无二致，基本仿袭了西方大学的建筑风格与布局，使得空间上错落有致，让人感受不到一丝的拥挤。由于临近傍晚，加之雨天的缘故，

> 路上的行人很少，问了陪同的人，告诉我学生们都在准备考试。若是晴天，草地上会有两两的牵手人漫步轻盈吧？我心里好是这般想。若是晴天，没有课的学生或许会在运动场地上神采飞扬，或许也会在路上低头冥想……恰是雨天，让这座校园出落得亭亭玉立安安静静，像一位漂亮的姑娘。

所以，现在的孩子们安于一隅，潜心治学，想必对奉贤校区的教学楼有着不言而喻的深情。而我，一直难以忘怀在徐汇各栋教学楼的岁月。1234567，那就是一串悦耳、跳跃的音符，在我生命的长河里永远鸣奏。

岁月如歌！

奉贤校区教学楼

留言 1234567

忆天

93级？我也是93年进来的，是读研，不过97年又走了，08年才回来。一教是基础部，后来成立文法学院，经常过去，记忆犹新。

| 太阳转身

兜兜转转抹不去的华理缘啊！

| 忆天

是啊，抹不去的华理缘，现在办公室下方就能看到莲华池、樱花树，便会想起当年为学校和创价大学牵线搭桥的往事，一晃十多年了。

Dhao

我96年到华理就在一教103，99年基础教育学院解散，转到文法学院一舍324。

| 忆天

可惜一舍给拆了，底楼是买火车票的。当时文法学院是由社会科学一批人，加上基础部的思政教师，再加文化研究所的那拨人组成。现在想来，阵容蛮强大的。

雨

走出半生，归来仍是少年。

丝娃娃

深情满满。

显山

好有历史感。

俪巧

感觉回到二十年前。

留言 1234567

风云
逸兴遄飞，神驰旧日。

Corun
风雨洗礼。(赞)

小弟
一教二教已经短路了，三四五六七都记得(龇牙)

随风
看得热血沸腾啊!

有而不居
一个华理的插班生，在你娓娓道来的叙述中，感觉到点点滴滴在老华理人心中的分量。

杨桑
三教、四教的传说故事多啊!(偷笑)

Jianming
那个时候七教是最新的教学楼，好多活动都放在那里。1996年的英语节，作为校思想学术节的闭幕式，从七教移至大礼堂，那年生工学院的《三打白骨精》拔得头筹，现在想来还是好经典啊!

# “攀登”与“奇迹”

从"211"到"一流"，我想，有些东西是永远都割舍不了的，如同65年来，华理人所一直秉承的求实的华理精神，不尚虚夸、不求纸扬、崇尚实干。

我们读书的时候，华理有碑两座，闻名遐迩，相当化工，一曰“攀登”，一曰“奋进”。

从正门入校园，一路前行，在办公大楼（今和平楼）南侧、攀登路和五教之间，就是攀登碑。粗粗看上去，攀登碑的造型极其简单，四根带弯的方柱，抽象地表现了化工设备中的塔、管道，意为华理的化工特色和悠久的办学历史。四根方柱合在一起，错位布列，一柱高过一柱，颇有点拿云攫石的气势，寄寓一代代华理人勇攀高峰、锐意进取的精神。

读书的时候，石碑上书“攀登”两字。我进校的第一张照片就是在攀登碑前拍摄的。记得那天，我穿粉色衣衫和牛仔裤，倚靠在碑前，羞涩故作老成地笑。

据说，攀登碑是学校在建校40周年（1992年10月）的时候，为纪念学校历年在教学、科研等各方面取得重要成果而建的。我在档案馆查阅当年的碑文如下：

“华东化工学院自1952年成立以来，全校师生员工勤奋求实，开拓创新，不断攀登教育、科学的新高峰。

在奋进的历程中，一批杰出人物的卓越贡献，殊堪嘉勉。

奋进广场

为褒扬前辈建功立业的拼搏精神，为砥砺后人攀登新峰的顽强斗志，特立碑铭志，并虚位以待来者。”

据说最初建成时的攀登碑和目前的格局大相径庭。围廊上镶嵌有多面铜牌，每枚铜牌上分别记录的是华东理工大学在建校历史中所获得的各类重大教学、科研等奖项和荣誉。但后来学校对攀登碑作了改建：将攀登碑前的铭牌上“攀登”两字，改为“勤奋求实”的校训；将攀登碑原有围廊拆除，改成了现在的样子。“勤奋求实”碑文是我校首任院长张江树老先生的手书，它目前已成为我校“勤奋求实，励志明德”校训的部分。建校至今，华理人一直秉承着求实的华理精神，不尚虚夸、不事张扬、崇尚实干。

“奋进碑”在校园西北角，大学生活动中心、校团委的东边，和攀登碑一样，建于1992年10月40周年校庆之际。碑文曰：

“华化”四十载，桃李满天下。

莘莘学子奋发成才，侥侥雏鹰勇冲高峰。

为弘扬勤奋求实学风，为激励开拓创新精神，特建碑镌记近年精英佳绩，并虚位以待来者。

奋进与光荣与我们同在！

奋进碑的构造亦是十分简洁，由4片刀片状雕塑组成。我一直找寻关于这座碑的构造的说明，迟迟未果。奋进碑前有一片空地，即为“奋进广场”。

攀登碑靠近教学区，奋进碑则在男生宿舍区，平日里，除了课间有一些同学在此休憩外，大部分时间来这儿的人不多。有一天晚上我在社团联办公室值班时，不经意抬头向窗外望去，看见一名男生和一名女生并肩缓缓走来，女生手上还拿着一根雪糕，看模样是新生。两人绕着奋进碑在广场上边走边聊，良久，两人停下来，不知说了什么，小男孩激动起来，猛地一把夺过女生手中的雪糕，狠狠地向外甩出来。好巧不巧，正对着我的方向，吓得我条件反射赶紧低头，虽然实际上我在遥远的三楼。又过了一会儿，我按捺不住好奇心，再次向窗外望去，两人已经走了。一前一后，似乎刚刚的一切只是幻觉。争执？表白失败？我无从知晓。望着他们的背影，只是觉得年轻真好真恣意。

1993年，也就是我们刚入学没几个月，学校由当年的华东化工学院更名为华东理工大学。攀登碑对面增立了一座“大学之道，在明明德，在新民，在止于至善”的碑。

60 年校庆时，移至攀登碑西边。碑文是《大学》的开篇语。朱熹把三者称之为“大学之纲领”，亦即“明明德”“新民”“止于至善”。从朱熹的解释来看，“明明德”是道德主体通过学习、修为努力来恢复本性的过程，个体后天的活动都是为了能找回自我、寻求本来善良的内在特性。“在新民”则涉及个体道德完善之后如何运用到群体的外用之道。“止”在这里有追求真善美的理想境界，遵循某种道德准则的含义。它始终应保持或致力于“至善”方面的道德追求和修为。“至善”是指一种最高的道德目标和道德境界，万事万物运动变化发展的最根本规律就体现为一种“至善”。“至善”的道德境界和准则当然是最高的，是“明明德”和“亲民”的最终发展归宿，也是对二者发展的目标要求，要求在实践中把“明明德”的内在修为和“新民”的外在事功这两方面的个体主动性行为都发挥到最高点。

明德碑是由学校前身江南大学、东吴大学等老校友集体捐赠的纪念品。碑上文字有云：“吾侪校友年老心热，既喜母校规模之壮大，更颂前程之远大。值此更名为华东理工大学之际，仅以‘大学之道’勒石为赠，旨在赋以新意，祝愿华东理工大学，勤奋求实日日新，勇敢攀登步步高，为我国大学教育做出更大贡献。”这足以看出校友对母校的关心和祝福，以及对学弟学妹们的殷切希望。

大学生活动中心

明经碑

涓涓

我还记得入学第一天就喜滋滋地在攀登碑前留影。

浩子

这是当年最著名的留影地啊！

很久以前

记得当年攀登碑的围廊上都是镶嵌的铜牌，每个铜牌上记录的都是当年学校获得的各种奖项和荣誉。

| 太阳转身

是的，后来学校对攀登碑作了改建：攀登碑前的铭牌上“攀登”两字，更改为首任张江树校长的手书“勤奋求实”的校训；将攀登碑原有周廊拆除，改成了现在样式。

一舟

当年一进校就被这几根管子吸引了，哈哈哈！

尤利

奋进广场那边好像还有乒乓台的吧？

珂珂

当年的大活沧桑了。（伤心）

| 太阳转身

目前正在修葺哦！

陈晨

那个时候攀登碑的雪景很漂亮。

Vivi

当年去大活应聘。（捂脸）那栋楼是学生干部的办公地。

心宽万事足

记忆被唤回，历历在目啊！

广播台

这个地方，我与伊们以编外人员身份去得最多，尤其大四那年。也不知现在的广播台是啥模样？于我，最清晰的仍然是当年郭老师的寄语："男人们，女人们，不管你们将来在哪里，请老老实实做人，踏踏实实做事！"

我想几乎每位同学都听过学校广播台的播音，但绝大多数的同学肯定没有近距离地接触过广播台。我是说，比如，走进广播台。很幸运，我就属于可以走进的少部分人。

我不是广播员，但我的 honey 张凝是啊。张 honey 的爸爸是上海人，大学毕业后被分配至广东，honey 出生、生长在广东，高考时回到上海，因此说得一口流利的沪语和粤语。这一度让我羡慕不已。honey 的音色甜美悦耳，所以理所当然地成了当时的女主播。

广播台的广播就像是每天呼吸的空气，从入学的第一天起就开始慢慢地渗透，在不知不觉中沁透骨髓，听校园广播成为一种习惯。第一次突然觉得广播台离我们好近，是入学第一学期期中的时候。那天傍晚，刚从食堂打完饭出来，就听到路边喇叭里传来播音员甜美的声音："下面这首歌是 ×× 班 ×× 同学点播给 ×× 班 ××× 同学的，想对她说……" 听到熟悉的班级名和熟悉的名字，八卦因子瞬时激活，我们捧着饭盆三步并作两步冲回宿舍，见女主房间里已挤满了人，个个"求知若渴"的样子。女主拗不过大家的热情，羞答答地说："不是你们想的那样啦，是我表哥……" 表哥？表哥会给表妹点歌？表哥会给表妹点《偏偏喜欢你》？又不是父母之命，媒妁之言的时代，谁信呀！反正后来"表哥"就成了代名词。似乎从那时起，开始注意聆听校园广播的内容。

每天早晨6: 15广播台播放起床号，接下来就是6: 30的早新闻，这是转播的990早新闻，一直到7: 00准点报时结束。我们往往在新闻播报中洗漱、收拾、去食堂吃早饭、去教室上课。11: 30，上午第四节下课铃响，广播台准时开播。中午的内容通常是前一晚栏目的重播，也有校内活动的介绍、通知。差不多半小时吧。晚上的广播时间长一点，有一个小时。17: 00开始，周一到周五，除固定的新闻播报，每天的栏目是不一样的。对我们而言，最喜欢的大概就是点歌台和新曲推荐了。点歌台都是由个人点给过生日的同学，也有利用这个平台表白的。一般只要提前将想要点播的歌曲以及要送给谁、说些什么提前写在纸上，放进广播台门口的留言箱即可。新曲推荐会向大家介绍市面上新出的专辑或者某一首主打歌。记得大三的时候，统一集团第一次在市场上推出冰绿茶和冰红茶，其促销方案就是集满20个饮料盒的一角，邮寄给公司，即有机会获得一盒新出的《青春歌曲专辑》。从广播台里听到消息，旋即就掀起了一股“集角热潮”。那时候没有网购，我们骑着自行车，到当时的南方八佰伴（现在的南方商城）扛回一箱箱的饮料。那些天自习教室的课桌上，总会显眼地立着一盒红茶或绿茶。群策群力之下，我们很快完成了指标，半信半疑地寄出剪角，一周之后，真的收到了磁带，竟然还是粉色的。我到现在还记得卡带里的一首歌,《我被青春撞了一下腰》。

1996年秋天的时候，童安格出了专辑《收留》，这是我当年最喜欢的歌星。广播台每天推选这张专辑里的歌曲，优美的旋律一下子撩得我不要不要的。三番五次央着风华儿陪我去校门口的音像店买卡带。(我有个臭毛病，一向不敢独自去买东西。)谁知平日里对我有求必应的她一口回绝，气得我牙痒痒。想独自去，但是还是克服不了心中的胆怯。风华儿就这样点着我的死穴拿捏了我一个多月。等到秋意正浓，我过生日的那天，风华儿贼兮兮地爬上上铺，从床头最里边摸出一个包装盒递给我："生日快乐！"我突然灵光一现，迫不及待地打开，果真！身穿绿色T恤衫的童某人左手扶额，正深沉地微笑。我尖叫一声，一把抱住了风华儿。这盒卡带我珍藏至今，我想这是我和风华儿友情的最好见证。四年的时光，无论我或喜或悲，她都在我身边，陪伴着我。这就是我要的友情啊！就像专辑里的歌曲《平凡》中所唱："这一生只想好好做个平凡的人/有个家 有个梦/陪我迎接每一个早晨/这一生只想好好做个平凡的人/何必争 何必问/只有快乐才是真"。

第一次进广播台，是学院在校级活动中获得冠军，应邀去接受某栏目的专访。主持人是小我们一届的学弟谢轶。那时才知道，原来广播台的实地办公地址是办公大楼三楼最东边。推门进去，原来是两间办公室打通。里面的一间就是工作室，调音台、麦克风、广播设施一应俱全。我在话筒前坐下，谢学弟坐我旁边，开始了一问一答的直播。外间的屋里有一张小床，那是供播音员们轮流值班时睡觉的。播音员的值班从头天晚上到次日早晨，要负责播放早间的起床号和晚间的熄灯号。

最吸引人的是外间办公室内有一台大彩电。我的honey也是以这个为诱饵，让我心甘情愿地陪她打发寂寞的值班时光。大四快毕业前，正是刘德凯版的《一帘幽梦》上映。每每到了傍晚，早早完成论文写作只待答辩的我们会捧半只西瓜或拎一袋儿草莓，晃晃悠悠地去广播台追剧。看到屏幕上帅气的男主，也会如同现今的粉丝们见到偶像时那般激动地大叫一声，然后捂着胸口说："好帅啊！"一脸的花痴样。

最后一次进广播台，是论文答辩后准备打包离校的那个阶段。以班级名义向广播台打了借用申请。我们按照宿舍排好时间表轮流前去。honey熟练地操作着录音设备，同学们一个一个走进去，坐在话筒前，说四年的感想与感悟。每个人最后都以自己的家乡话说一句祝福语。这盒卡带依然完美地保存着，许久不听，也不知是否还能放出来。不过我始终牢牢记着当时系主任郭毅老师的话：“男人们，女人们，不管你们将来在哪里，请老老实实做人，踏踏实实做事！”

留言　　广播台

巴山夜雨

郭老师此话威武雄壮！

清欢

一直在（抱抱）……快乐才是真！（玫瑰）

Shelly

亲，好美的回忆，你的大学生活比我丰富！

余小明

非常好的记忆。

Molley

那时候最喜欢听广播台的点歌。

栩栩如生

原来广播台是这样子的（微笑）我记得生日的时候同宿舍的同学为我点的歌。

Lion

记得那天中午广播台里放光良的《童话》，瞬时泪奔。

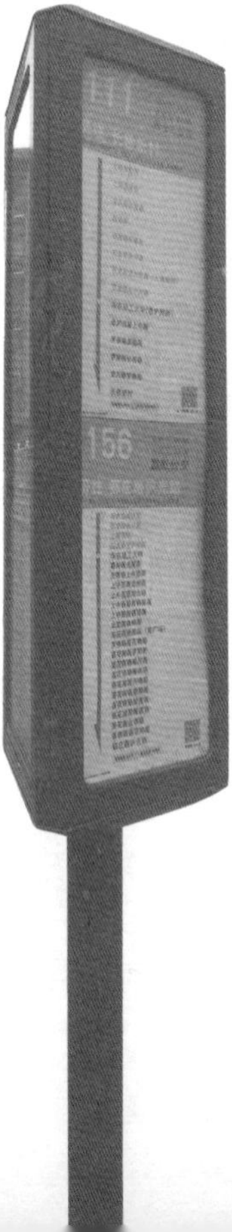
156

50路 & 111路

50
VOLVO
沪D 87546
S2P-0543

往西，50路；往东，111路；可是不管怎么走，起点总是华东理工。写下这篇小文的时候，我特意从徐家汇坐上一部50路。一路晃晃悠悠，历时40分钟，坐到学校西门。阳光晴好，坐在车里，恍恍惚惚，似乎又回到20年前。

那个时候，出梅陇的公交线路只有两条：往西 50 路，往东 111 路。50 路的终点站是徐家汇，111 则是万体馆。多数情况下，我们会选择 50 路，因为车次多，路程长。

最早的 50 路车型还是沿用了 80 年代的老式客车，同时为了解决上海人多拥挤的状况，大型铰接车成了缓解公共交通压力的主力。铰接式公交车最早出现在欧洲 20 世纪 20 年代，其最大的好处是载客量大，与双层巴士相比，省去了上楼下楼的过程，方便上下客，稳定性高，通常设计为单层，并包括两节公交车厢。喜欢和同学上车之后就往链接处站，那里因为是两节车厢的交接处，地面是可活动的两块铁板，会随着公交车左拐、右拐而自动调节。一般乘客不喜站在那里，因为太晃，我们则是乐得能在拥挤不堪的车厢里觅一小块稍稍宽松的区域，叽叽喳喳嘎嘎三胡。

那个时候还没有实行两元的一票制。50 路的票价按照所乘区间分段计价。印象中，乘坐两站以内是 2 毛，3 ~ 5 站是 4 毛，再往上就是 6 毛封顶了。（时间有些久了，似乎有些遗忘或者差错了。）出门上车的时候，会趴在站牌上细数要坐的站头，如果恰恰在 3、4 站，就会从学校步行到镇上，走 2 站路，省下 2 毛钱。50 路在学校正门口有一个比较大的站头，之所以比其他站台要抢眼，是因为那时的 50 路除了从徐家汇开往朱行，还会有几趟到华化门口就掉头的区间车。50 路坐多了，就会判断出再等几辆，哪一辆会是掉头车。区间车的车厢内的宽松度要远远高于普通的车。

大二、大三的时候，50 路增加了空调车，票价也进行了调整。不再按照区段定价，而是实行统一价格，普通车 5 毛，空调车 1 元。后来又做了几次调整，一直到现在，20 年过去了，50 路全部换上了空调车，崭新、现代、环保，甚至还有车载 wifi，票价仍沿袭了过去的一口价：2 元。

那个时候，徐家汇远没有今天的喧嚣与繁华。肇嘉浜路上，只有六百，穿过去到天钥桥路，是汇联百货。两家百货店价格比较亲民，不过里面的衣服偏于老龄，东方商厦倒是时尚，不过“礼在东方”的背后是我们普通学生望尘莫及的高价。到徐家汇更为吸引我们的是华山路上的那一排小店铺。1995 年的时候，太平洋百货落成开业。其定位于 18 ~ 25 岁年轻人的战略思路瞬间俘获了一大批学生。我记得那时候娟儿和苹果常常在周末乘坐 50 路出去，然后在暮色时分，拎着大包小包满载而归。

50 路的路线很长。从东安新村到徐家汇到漕河泾到虹梅南路到梅陇路，一路向南，后期线路延伸后差不多有

20 多站。那时候，过了华化站再往南，一站比一站偏僻。大三的时候，一次和同学在校外上二外夜课回来，夜色太深，一不留神就坐过了站头。等晃过神来，车已渐近朱行。慌慌张张跳下车，极目望去，都是农田或是工地，想找返回线路的车站，转了半天，也不知在哪儿。时间已将近晚上 9 点，想想再过一个半小时，宿舍就会熄灯。两人咬咬牙，决定步行回学校。好在有人做伴，边走边聊，也不觉累。从罗秀路到上中路到龙州路再到梅陇路，一路走下来，竟然对学校南边的路况有了大致了解。到宿舍的时候已经熄灯，两人满头大汗饥肠辘辘。风华儿她们正急得团团转，不知道我俩碰上了什么情况。要是放现在，一个微信就解决了吧。那次坐错车之后，校内的学业负担逐渐加重，上完了那一期课程，也就没有再去。现在有时回想起来，也会想，如果当初咬咬牙坚持下来，又会怎样？只是人生没有那么多如果。

工作后，和绯绯一起搭伴去前进进修学院读托福，每周两次。一起候车的有住在我们隔壁的学生。起初，彼此之间都觉得不好意思，后来熟稔了，也会凑在一起八卦打发等车时光。秋高气爽的季节里，小傅会一把拉住准备上空调车的我，“等一下，我们统计过了，一般两部空调车之后立刻会跟一部普通车。天不热，便宜 5 毛呢！”我和绯绯感慨于小朋友的精打细算，却也乖乖就范。这种师生同车同学的经历真的是很奇妙。还有一个和我俩同班坐在我们后面的材料学院的男生，得知我俩是老师，那学期的圣诞夜，他用报纸包了一大捧康乃馨带到课堂上送给我们，说祝老师圣诞快乐！课后还和我们同乘 50 路，一路将花扛到宿舍楼下。我和绯绯欣喜万分，回到宿舍就忙着剪枝插花。那几日，房间里花意盎然，温馨得很。

早年的 50 路总是拥挤不堪，也有过惨痛的教训。那个时代最潮的莫过于别一个 walkman 戴着耳机。那一次就是有个同学在挤 50 路的时候，推搡的人群将他的 walkman 挤掉不知踪迹，徒留一副耳机挂在脖子上。我也曾和绯绯背着新买的牛筋包去坐 50 路，等回来时才发现包侧已经被锋利的刀片划拉开一道口子，还好铅笔盒挡住了钱包，否则真是赔包赔钱欲哭无泪了。

和 50 路的拥挤相比，111 路稍许会宽松些。111 的终点站是万体馆，如果想去市中心，可以到万体馆换乘 15 路。记得那个时候，周末清晨宿舍的女生就会早早爬起，窸窸窣窣，惊醒梦中人，问起那么早干吗？答曰：去上海。读书的时候，我很少坐 111 路，数得清的几次。倒是工作后，因为学校继续教育学院设在常德路的教学点，每周末乘 111 倒 15 路。111 的路线中令我印象最深的就是每次到了老沪闵路，公交车里的报站声会响起：“第六牧场到了。”总会让我想起学校食堂卖的鲜奶。不知道是不是产自这里？牧场里是否有黑白花的大奶牛？那一年班级私底下和老师换课，谋得三天空闲。我立下军令状，保证周一一早的体育课全班到齐，否则甘愿个人受记过处分，全班通报批评。那是我记忆中最感动的一次旅行。全班同学齐心协力配合默契。一到杭州，所有班委自发留下陪我一起排队购买返程票。等我们回到浙大招待所，先行游玩回来的同学已经为我们打好饭菜。那三天，我们游湖登山，在西子湖畔留下我们青春的记忆。恰好是在周日晚上宿舍关门前赶回学校的。全班只有敏儿未归。她因家中有事未与我们同行。不过答应周一早晨肯定从家中返回按时上课。我与敏儿六年中学同学，深知她的秉性，自是信她。谁知一觉醒来，直到我们一身运动衣站在操场上，敏儿仍是未到。空气开始焦灼起来，眼看着 7: 45 的上课铃即将打响。任课老师、班导师、辅导员，还有教务处的负责老师拿着点名册，神情严肃地站在队伍前面。我咬着嘴唇，面上波澜不惊，心里却如翻江倒海：敏儿，你在哪里？身旁的同学焦虑万分，不时扭过身，望向大操场入口处。时间嘀嘀嗒嗒地过去，我恍惚看到教务处老师上扬的嘴角。但是对敏儿的信任令我依然一言不发挺直腰杆。7: 42，队伍里突然一阵骚动，有同学惊喜地喊：“来了，来了！”我猛地转头，看见敏儿从入口处如一只小鹿欢快地飞奔而来，风扬起她额前的头发。那一瞬间，我的心头蓦地一哽。队伍里竟然响起了掌声。查勤的老师打开点名册，逐一打钩。没有想到的结局是，教务处老师觉得我们班纪律性挺强，诚信守时，竟然给我们评了个优秀班集体，奖励是租了大巴带我们全班南浦大桥一游。那天下课后敏儿说，她坐 111 路过来，快到第六牧场那里时，堵车，足足堵了快半小时她担心会上课迟到，所以让师傅开门，然后一路狂奔，从老沪闵路到东门再一路奔到大操场。幸而敏儿平日里就是运动健将。如今的她，在担任中石化高管多年后，毅然辞去一身职务，在印尼的某一小岛觅一居处，担任了潜水教练，还制作了潜游的 App，每日里 po 的都是海底的奇妙世界。敏儿也早已融入当地的生活，按照她自己的行事享受着她向往的生活。

写下这篇小文的时候，我特意下班时从局里出来，步行至徐家汇，安心等待了 10 分钟，坐上一部 50 路。一路晃晃悠悠，历时 40 分钟，坐到学校西门。阳光晴好，坐在车里，恍恍惚惚，似乎又回到 20 年前。

90年代的公交车

50路进站

梅陇路天等路路口
50路从这里右拐往南

111路从这里一路向南

留言　　50 路 &111 路

Sidney
再熟悉不过了。搬家好几次，都不超过学校五公里，哈哈哈。
| 太阳转身
你也算老华化了。(偷笑)

飞飞
到周末就 50 路换 15 路，到亲戚家蹭饭。

天天开心
记性真好，那么多小细节。(强强强)

YI HE
50 路我记得。

修老师
值得写。你们正好毕业 20 周年。下次写写大学生文化艺术中心、辩论赛、录像厅。哈哈。

郭老师
文青啊，不错！（赞）

一品黄山
黄鹤一去不复返，白云千载空悠悠，晴川历历汉阳树，芳草萋萋鹦鹉洲，日暮乡关何处是，烟波江上使人愁。(握手)

开心豆爸爸
敏儿是谁啊？那么有个性！中石化高管的职务也舍得辞去，转而去做潜水教练？
| 太阳转身
那才叫过自己的人生啊！

留言 50 路 &111 路

小宝

我也想认识敏儿，去潜水！

| 太阳转身

这个可以有！

小弟

那时候长啸总带着我坐 50 路去徐家汇大吃大喝，美其名曰要多考察市场。

| 太阳转身

所以早年的积淀才让你今天在大市场上游刃有余啊！

Jianming

第六牧场里面真有牛，后来改做屠宰场，宰杀好的猪从南站每天一列火车发往香港。宰杀后的水里有油脂，当时还请学校环境系的老师设计了废水处理厂。

一瞬光阴，
霎旧蜂蝶，
晴阳落花，
幽香远远，
摇漾春如线。

# 那些花，那些果

一花一果一世界，廿四载光阴悠悠，物换星移，蓦然回首，才发现，生命中出现的一些人，发生的一些事，走着走着就散了，走着想着就淡了，忘了也好，念着也罢，但是华理，于我，终是镂骨铭心的存在。那些花，那些果，常忆花香果穰处，沉醉不思归路。

华理多树，有树必有花。一年四季，繁花似锦。从初春到严冬，按着时间表一月一月，可以欣赏到各季的时令花卉。

印象中，玉兰总是最先盛开的。好似某日早晨，春鸟啾啾声中，出门一看，图书馆楼前那棵高大的玉兰树上花苞已然盛开，洁白的花朵颤颤巍巍，在仍然有些寒意的春风中怒放，像一只只小鸟展翅欲飞。因其洁白如玉，晶莹皎洁，开放时朵朵向上，溢满清香，上海人选择白玉兰为市花，象征“一种开路先锋，奋发向上的精神”。华理有玉兰数株，分布于校园各个区域，是不是也是出于这样的寓意呢？除却白玉兰以外，还有几株红玉兰。红玉兰花开为紫红色，花型与白玉兰相似。早春花开，大朵大朵的花单生枝顶，大约是 6 片花瓣吧，呈长圆状倒卵形，花瓣外面是紫色或紫红色，内里却是白色，花丝和心皮又是紫红色。风拂过，有淡淡的香。玉兰花初开的时候，生于枝头的花苞状如毛笔，直冲天际，怨不得王维诗曰：“木末芙蓉花，山中发红萼。涧户寂无人，纷纷开且落。”这里的芙蓉花，就是指的红玉兰。玉兰秀颀、盛大，幽姿淑态，别具风情。树很高，赏花的时候，定是要仰着脖子抬头观花，可以看到宝蓝一碧的天空，高远深邃。枝头的玉兰光芒万丈却雅致含蓄，超凡脱俗的娴静。

玉兰

绿掩青檐樱花开

几场春雨过后，空气渐渐湿润起来，气温逐渐升高。一夜暖风好吹，千树万树的春花竞相开放，霎时间似入花海。最常见的莫过于桃花和红叶李。桃红柳绿，乱花迷眼。总是会错把李花当樱花。

老图书馆东南角的樱花是每年春天的一景。粉色的花朵累累叠叠，层层围珠玑，团团锦绣簇。以老图为背景仰拍，有老师曾赋诗：绿掩青檐樱花开，闻香识得故人来。丫枝紧向碧蓝去，翩翩华丽有人猜。我问最后一句什么意思？答曰：谐音啊，偏偏华理有人才！

五教周边多为结香。初始的时候，还以为就是普通的落叶灌木，后来等开花了，才知道原来是结香树。花朵多为散在的单个花蕾，少数为头状花序，有点像小小的向日葵，大约四、五十朵黄色小花聚集在一起，馥郁芬芳。结香每年分枝一次，每枝分出三个小枝，如此循环，节节成三叉状，所以又叫三叉树。和其他树木不同，它是先开花后长叶子，所以开花的时候，枝条光秃秃的，毫不起眼，不过它的枝条柔韧，软到可以任意打结而不会折断，加上花香，故名结香。读书的时候，有学姐一脸向往地说，在结香树上打结，许个愿望就能实现。是吗？我没有尝试过。不过倒是在赴考场的路上，路过一棵棵结香树时暗自在心里祈祷考试顺利。考试自然是顺利的，也不知有没有结香的作用？也不知道现在的小朋友们知不知道这个神秘的预言？

四教南边的紫藤苑和老图书馆东北角的紫藤廊在春天的时候紫气冲霄。仿佛一夜之间，密密匝匝的紫藤花缀满了藤条，细细碎碎，缠缠绕绕，深深浅浅地花朵一泻而下，像一串串紫玉葡萄，更似一道道瀑布，飞珠溅玉般，开得轰轰烈烈。有蜂蝶穿行其间，忙忙碌碌。风吹过，一嘟噜一嘟噜的花串轻轻摇曳，有花朵拗不过碰撞，离开花枝飘飘洒洒地坠下，落一地花瓣，一瞬光阴，霎时蜂蝶，晴阳落花，幽香远远，摇漾春如线。

且不提青春河边的海棠迎风，垂英袅袅，就连花坛里、草地边也是遍地春花。清晨时分，阿拉伯婆婆纳、蔓长青妖妖娆娆含珠匍匐，甚或蒲公英、荠菜花，几乎都是贴着地面展开叶子。过一段时间，绿色的茎慢慢长高、长长，开出一朵朵黄色的小花，像一朵朵小向日葵；荠菜花是白色的，星星点点，点缀在草丛间，别有一番野趣。

六月的时候，栀子盛开，连空气都变得香香甜甜。洁白的栀子就像纯洁的校园爱情。也会趁无人注意的时候，偷偷掐一朵带回宿舍放在床头，每晚枕着香气入眠。可惜，每年栀子花开的时节，也是毕业生们准备离校的时刻，栀子也就带上了分别前的惆怅。头三年的时候，看着

紫藤苑
紫藤花开

栀子花

桂花

疏影横斜水清浅，
暗香浮动月黄昏

忙忙碌碌打包的学长们，心里多半是好奇与憧憬，不知道等我们大四的时候又是怎样的光景？等轮到自己开始装箱打包，不舍的感觉愈加强烈，总觉得有什么揪着心，会令人透不过气。会频频地在校园里转悠，不舍得错过每一个角落，似乎这样，就可以将华理的一切都铭记在心打包带走。这个季节，注定有很多的悲伤与无奈。今年初夏的时候，和刚刚坐完“移民监”的哆哆喝下午茶，她搅拌着面前的水果茶，半晌悠悠道，“学校的栀子快开了吧？”未及我反应过来，她已喃喃低语，为我讲述了一个长达二十年的误会，导致的是一段错过的情感，及至二十年后竟然在海外意外地揭开谜底。简直比 TVB 的八点档还狗血。我听得一愣一愣。“所以，我每次听《栀子花开》，总是不一样的心境。今年，我可以回学校看栀子呢！”

秋风起，满园桂子飘香。米粒般大小的桂花一朵朵攒在枝头，暗淡轻黄体性柔，情疏迹远只香留。有年龄大的老师，会在饭后的阳光里，小心地在树下铺上干净的白纸，几阵风过，有细小的黄花细细簌簌地落下。累积得差不多了，老师小心翼翼地卷起白纸，将桂花收集好，看我们在一旁百思不得其解的样子，轻声解释：“带回去可以做桂花糖呢！”等到冬天来临的时候，一树树蜡梅傲然枝头，山茶花娇艳欲滴。那时的校园，真真个“疏影横斜水清浅，暗香浮动月黄昏”，抑或“似有浓妆出绛纱，行充一道映朝霞”。

真是俯仰之间，皆为校花。

有花必有果。

最早的应该是樱桃。每年五六月的时候，学院的宝钢老师总会变戏法一样在校园里溜一圈，然后摊开手掌，一颗颗小樱桃黄中带红，羞中带怯般藏在绿叶中，像一粒粒珍珠闪耀着亮泽。不忍下口，轻轻咬破一点，酸酸甜甜，带着清香的味道。问樱桃树在哪儿？宝钢老师总是一笑，就在那里呀！可是总是找不着。但是每年到了这个季节，总是会吃到宝钢老师的樱桃。

初夏的时候，碧绿的枇杷树上结满了绿色的果子，到六月间，枇杷就黄了。远远望去，金灿灿的果实压满了枝头，想起宋代宋祁诗句“树繁碧玉叶，柯叠黄金丸”。校园里枇杷树众多，遍布实验楼、教学楼、住宅楼四周。总是会有那些个吃货惦记着枇杷果的，譬如朱小弟之流。话说那天晚上，早已提前两天踩点完毕的小伙伴们好不容易熬到天黑，遂抄着家伙在夜色掩映下快速向某目标树进发。到了树下，某杨身手灵活地爬上枝头，其余小伙伴拿着脸盆、塑料袋，仰着头在树下安心等待。正当某杨准备一展身手之时，枇杷树正对的二楼小屋的灯光突然亮了。

明明前两天屋里都没人的呀，怎么今天回来了？某杨一吓，不敢动弹，生怕一动，树枝发出的声音惊动屋内人，只得像壁虎一般紧紧抱着树干。想跟树下的小伙伴打个招呼，却后知后觉地发现，树下一众人等早已脚底抹油。某杨叫天天不应叫地地不灵，一腔怒火无处可泄，只能默默地贴着树干安静等待屋内熄灯。无奈那夜，屋内的灯光迟迟不灭，某杨忍着蚊虫骚扰直至半夜，方才蹭下树，一瘸一拐走回宿舍。小伙伴们翘首以盼，见其归来，纷纷上前询问安慰。某杨不计前嫌，从衣兜里掏出几颗枇杷，咧咧嘴，对不住，没家伙，只摘了这点。众伙伴感激涕零。朱小弟现今已是上市公司集团副总裁，一众小伙伴也是业内翘楚，每每与他们提及此事，一众人总是乐不可支，这也是关于华理果树的最美的记忆吧？前两天，朱小弟发微信说六月初会来沪，忘不了问一句："姐，枇杷黄了吗？"

无花果不多，但是每年的夏天，住在家属区的老师总会在上班的途中顺两个来办公室给大家解馋。

中秋时分，青春河畔的几株石榴树上结出了石榴果，这是观赏果，比市场上的石榴个头小了不是一点点，却也袖珍可爱，像一盏盏小红灯笼掩映在枝头。风华儿最喜欢提溜一个从水果市场买来的硕大无比的红石榴，然后坐在河边的石凳上，耐心地拨开石榴皮，光滑圆润的石榴籽密

奉贤校区的石榴花

密地挤在一起，白里透红，晶莹剔透，透着淡淡的粉。风华儿低着头专心致志，轻抬玉指，将石榴籽一粒一粒剥下，放在身边准备好的小碟里。我是自然安安静静坐在一边的，看着碟子里的石榴籽越来越多，渐渐口里生津。差不多的时候，风华儿抬头，将碟子往我面前推一推，轻声道："吃吧。"我大喜，却也不好意思囫囵吞下，拈起几粒小心地送入口中，酸酸甜甜的汁水瞬间溢满口腔。我俩就这样在河边，吃着石榴，赏着石榴，阳光微淡，岁月静好，安然若素。

一直不清楚计算中心和五教前的那几棵树究竟是何品种？秋天里，会结金黄的果实，沉甸甸的，似柚子，有着淡淡的清香。也有同学和老师会摘来放在床头或办公桌上，也算作自然一景吧？

一花一果一世界，廿四载光阴悠悠，物换星移，蓦然回首，才发现，生命中出现的一些人，发生的一些事，走着走着就散了，想着想着就淡了，忘了也好，念着也罢，但是华理，于我，终是镂骨铭心的存在。那些花，那些果，常忆花香果穰处，沉醉不思归路。

留言　　那些花，那些果

远人

常忆花香果穰处，沉醉不思归路。文笔依旧秀丽，和蔼着的亲切。有人说，回忆意味着老去，但是读你的回忆非但老去无觉，更是青春跃然、鲜活在目，勾起对来路上往事的欣然顾盼。

小蕾

有一些人，有一些事，并不会因为时间而淡忘。

| 太阳转身

譬如你。（抱抱）

大头

栀子花总是带着离愁别绪，所以何老师说：“栀子花开，是淡淡的青春纯纯的爱”。

蕾蕾

文字越来越精彩。

清欢

岁月长又长，多写几篇吧，你是我们的记忆储存箱。

小弟

一堆堆的回忆。美好的回忆里还有一种类似柚子的水果。

| 太阳转身

是的，但是我也不知道那是什么。（捂脸）

尉哥

真情。

小龙人

岁月。半夜起拜读，突然想起了张艾嘉的短歌。

北方嘉禾

无花朵怎花果？一朵一果，一花一树一世界。果由朵耶？因缘自成耶。既成因缘，恰成因果，果由朵来，朵开有果。

杨陇缜

沪上西南有镇曰梅陇，镇上有梅陇路，路中130号就是当年远东最大的化工学院——华东化工学院，1993年更名为华东理工大学。20世纪90年代征集校名的时候，因为这座镇这条路，很多学长甚至老师都说：就叫梅陇大学吧，和美国的卡耐基梅隆大学还相呼应呢！

第一次来华理报到的时候，站在校门口，有一种难以名状的淡淡的失望与忧伤：这是想象中的华化吗？有一点区别吧。校园的地理位置是有些偏的，车从沪闵路辗转开进来，半途竟然还会碰上铁路道口！那时的梅陇路上似乎只有华化一座校（当时学校还没有更名，仍叫华东化工学院）。学校南边是一望无垠的农田。那时的梅陇路只有现在的一半宽，从西门出去的梅陇路就是一个天然的露天大菜场，自家菜地里种的蔬菜、新鲜的鱼、肉、活禽。早市与晚市的时候，梅陇路上熙熙攘攘，叫卖声、讨价还价声，声声不息。阴雨天的时候，空气里都氤氲着一股鱼腥味。待了一年之后才知晓，梅陇路最热闹的时候是每年 5、6 月草莓上市季节，满大街的草莓，还有新鲜蔬果，一地果香。我们会在傍晚时分，蹲在摊位前边尝边还价，老板们也不催促，笑嘻嘻地看着你，甚至还会帮你选：妹妹，这个甜。等吃饱了也选好了，然后再提溜一袋，悠悠地回学校。

报到第一天的时候，学校超市里人满为患。生活必需品、日用品被抢购一空。我站在人群外捏着钱包目瞪口呆。陪我去的李老师了然地笑了，说，要是不急，等周末你可以去镇上买。镇上？我更晕了。就是梅陇镇啊。从西门出去骑车 10 分钟就到了。那一刻我甚至怀疑自己是不是在上海读书。上海的"海"呢？上海的南京路呢？上海的外滩呢？那曾经在书中看到的无数描述上海繁华的辞藻离我们是那么遥远。十里洋场？No，梅陇只有十里农田。

然而到底是好奇心盛，第二天就和同学拿着简易的学校地图，摸索着从西门出来，右拐，一路向西，我们准备权当荡马路，一路荡到镇上去。

西门很小，几乎仅容一人通过。沿街的围墙是不规则的水泥拉毛墙面，墙上爬满了绿茵茵的爬山虎。其实这里是一片华化的家属区，化工一四村、二三村比邻而居。马路的沥青不是很好，带着沙砾的感觉，走在上面"咯吱咯吱"地响。快到路口的时候，左边出现一家宾馆，梅陇宾馆。说是宾馆，其实就是一家招待所。

忽地听到"铛—铛—铛"的警示音，抬头一看，是铁路梅陇站到了。平心而论，这是我第一次如此近距离地接近铁路站。这是沪杭铁路上的一个车站，在沪闵路西侧。那个时候，地铁一号线锦江乐园站还没有开通，沪闵路虹梅路立交桥还没有建。只有交错的铁轨。每次信号灯亮起，警示音起，道口栏杆就会缓缓落下，拦住一众车辆与行人，静等远处的列车通过。资料显示，梅陇站竟然始建于宣统元年（1909年），后一度废弃，于1983年时重建。1996年以前，梅陇站只是一个小小的货运乘降站，不办理客运业务。之后的四年里，无数个夜晚，我们在列车由远及近又远的隆隆声中入眠，偶尔会在半夜里醒来，看夜班路过列车的灯影晃过宿舍的窗户。

不知道每天会有多少列火车通过，只知道栏杆升了又降，降了又升，反反复复，每一次等待都是感觉蛮长实则也就那么几分钟。因为这里是西边出梅陇的唯一路口，每次都是拦住乌泱乌泱的一堆人，不凑巧的时候，会碰上交通堵塞，一堵就是一个多小时。最奇葩的一次，陪老师送其他高校来访的老师去机场，对方进了机场我们就从虹桥返回，等对方飞机落地，我们仍然在梅陇道口。

道口周边就是梅陇镇。听老华化们说，梅陇的历史最早可以追溯至明成化年间，传说有徽州梅姓商人在此经商，后建宅落户于此，其后人所建宅邸形似街弄，故称之为梅家弄。清嘉庆年间，逐步兴起，世人称“梅家弄市”。到清同治时期，商市日盛。1933 年的时候，改名为梅陇。据说，至今镇上居民中还有不少梅姓人家。岁月流逝，直到 20 世纪 90 年代末，在上海西南的这一隅，梅陇镇依然安安静静、扎扎实实。像一幅木刻版画，一板一眼，整齐的房屋，清幽的河道，窄小甚至逼仄的小弄，露天的菜场，碧绿的庄稼和蔬菜，古老和现代的气息在这里得到了不露声色的交融。

镇上有小商店，也有临街的小铺，只要要求不高，可以购齐所有的生活用品。老板们多为本地人，质朴本分。我最喜欢在镇上的小吃街上溜达。记得一年冬天，我和大侠自修到一半，突然想起了镇上的烤红薯，两人风风火火冲到镇上，老板娘见是熟客，也随着我们挑三拣四。挑了又挑，选了一个最大的。一称，一斤一两，老板娘爽快地说："九毛九，一分钱不要了。"我总感觉哪里不对，等递过钱才恍然大悟，弱弱地说，方才你抢了我的台词吧？

镇南有一座啤酒厂，其前身是建于1982年的上海益民啤酒厂。啤酒厂的主打产品可是那个时代上海的骄傲——力波啤酒。REEB英文名字来源于将BEER字母的顺序颠倒过来，中文谐音力波，一上市即成为上海主流啤酒的领导品牌，据说这个名字还是从当时的消费者群中征集过来的。我们读书的时候，学生会和力波啤酒厂的团委搞共建联谊，大家步行至厂区参观，有幸品尝到了刚下线的啤酒。最幸福的时刻，莫过于坐在厂子品酒室里，台子上有酒桶状的容器，拿啤酒杯，打开酒桶底部的龙头，棕色的液体喷涌而出，气泡在杯中翻转，白色的泡沫迅速溢满杯口。轻啜一口，真的是平顺甘醇，细腻清淡，带着微微的苦，令人回味无穷。生啤熟啤，随意自取。所以那个时候，每每去力波活动，男生们总是最积极的。

2001年的时候，力波啤酒厂改名为上海亚太酿酒有限公司，2005年成为荷兰和新加坡合资的外商独资企业。但是，关于力波，关于啤酒的味道，已经深深烙在了心底，就像当年它的广告歌里唱的：喜欢上海的理由。

镇北就是当时上海最大的游艺场锦江乐园。奇怪的是，读书期间，我一点都没有要去逛一逛的冲动，直到2002年五一的时候，超大摩天轮——上海大转轮正式运转，我才第一次走进锦江乐园。

90年代中期的时候，梅陇地区开始改造。农田没有了，取而代之的是一幢幢居民楼。十几个新村似乎就在转瞬之间兴建完毕。首批过来的居民多数是从金陵路那一块拆迁而来。所以后来梅陇四村有“梅陇地区的仁恒滨江”这一戏谑的代号。那段时间，会在课余和风华儿沿着田埂从北一路走到南，会倚靠在不知哪座小桥边，看着远处兴建的高楼，感慨说，等哪一天，在那栋楼里有了我们自己的房子，那就可以扎根上海了，那该有多好啊！若干年后，当我真的搬进93号楼的时候，想起当年的愿望，还是有一种计获事足的幸福感觉。

梅院路上的水杉树

一食品

川福楼

如今的梅陇镇

力波啤酒厂

留言　梅陇镇

神秘 Owen

记性真好!

璐洋

Meilong Institute of Technology 也挺好听的。

高老师

很亲切回味。

彪哥

当年从植物园回来，问路，阿拉只知道上海中学，不知华东理工，郁闷了一周。

| 太阳转身

我们那个时候，只要说华化，人尽皆知。(得意)

彦波

每天会有多少列火车通过，只知道栏杆升了又降，降了又升，反反复复，每一次等待都是感觉蛮长实则也就那么几分钟。(玫瑰)(握手)(赞)

杜俊

开学第一天，发现力波啤酒原来在梅陇，不禁哼起来广告词。(龇牙)

| 太阳转身

可惜你们没有机会去实地品酒哦!(得意)

李坚 2017

我家四个人自那个学校毕业，坦白讲在我们这代人心里，华东化工学院是一个比理工大学更值得尊重的名字，因为她更专业。

留言　　　　梅陇镇

开心豆爸爸

益民啤酒厂可是我第一份工作啊，至今力波、虎牌、喜力都是我记忆中难以磨灭的品牌，前不久还和老同事相聚叙旧。但你一定不知道，曾经辉煌一时亚太酿酒终究难逃被收购的命运，如今早已彻底关闭歇业不复存在！

| 太阳转身

你给我的那个虎牌钥匙扣一直用到现在呢！（得意）

老黄牛

满满的回忆，永远的华理。

鲍鲍

对于从小在华理长大的我，看了后是满满的感动和回忆！

光辉

小时候每年夏天都要到当年的华东化工学院去逗玩，因镇上没有浴室，冬天时经常去学院的浴室洗澡。

Jianming

梅陇镇上有客运火车的，从金山开往上海火车站，中途停靠梅陇，终点在中山西路。

送别

犹记当年相送，笑言泪眼与共。
廿年光阴转瞬，十月归来渐浓。
浓荫似树芙蓉，旧时风光梦中。
再见相思面容，想必别样艳红。

大学四年，最后的一幕场景大概就是送别了。临近离校，大四的宿舍楼里，随处可见的封箱带、打包机、纸箱，无声地宣告着分别的日子的迫近。比之以往，楼道里安静了许多。这个时候，连宿管阿姨和大爷们也宽容了些许，会容忍我们男女生互串宿舍，偶尔延时也没有了以往的斥责。

好像到了7月，校园里拖着行李箱的人渐渐多了起来。我们开始结伴每日里在火车站、码头、机场来回切换。

选择火车返家的同学是最多的。大包小包，坐地铁一号线到上海站下，花一元钱买一张站台票，然后从南广场进口进。那个时段，连车站工作人员都会知道是高校的毕业季，知道会有大批的送客人流，对我们自然是宽容的。会根据同学乘坐列车的班次时间、火车进站站台，精心列好送别计划。那段时间，我们穿梭在各个站台，高峰期的时候，从天明进站，天黑出站，第二天又早早来到站台。

记忆中那天送完一帮同学就来到某站台，这里两小时之后将有一列开往北京的列车，玉山将离开上海前往人生地不熟的帝都开始他的职业生涯。大学四年似乎都没有说上几句话，直到那一天，看到他背的吉他，才知晓原来也是一个文艺青年呢。因着时间尚早，我们一帮人围成一圈在站台盘腿坐下。不知道是谁哼起了歌，玉山开始弹着吉他轻轻和，歌声越来越大，我们几乎唱遍了当年所有的校园民谣。列车进站的时间越来越近，歌声中渐渐夹杂了哽咽，有同学渐渐红了眼。

当远处列车的汽笛声响起，我们站起身，逐一拥抱告别。男生们会搂在一起，没有言语，只是手掌用力地拍打玉山的后背。

列车门缓缓打开，玉山提着行李放好，转身，隔着玻璃窗和站台上的我们两两相望。真是恼恨空调车的密封窗户啊，听不清他的话，只是看着他突然失声痛哭，不断敲击着玻璃窗，嘴里不停地喊着，车厢里同行的大妈们也忍不住不停地落泪。我们张开手掌，一个个印在车窗上，玉山隔着玻璃，和我们一一击掌。

开车的信号响起，列车缓缓启动，车轮声中，我们追逐着渐渐提速远去的列车，大声呼喊着玉山的名字，高声祝福着“好好的！”等列车驶远不见踪影，我们红着眼睛流着泪，默默地返校。第二天，我们将去机场送欧阳和玉华。

欧阳和玉华其实都是很低调的人。不过我们给了他们一个张扬高调的临别送行。两人都是虹桥机场的机票，一个往北回北京，一个南飞回广东。那时从徐汇校区到虹桥的公共交通不是很方便，我们一行人遂在校门口招手拦车。一辆出租可坐 4 个人，还有大量的行李，我们足足拦了不下五六辆，然后浩浩荡荡以车队形式向机场进发。

因为行李太多的缘故，分了好几辆车装着。等玉华他

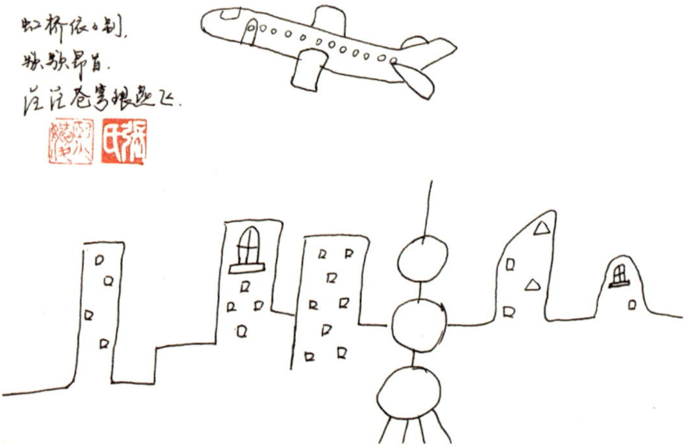

们从第二辆车上下来，才发现有部分行李还在第一辆车上。当机立断，第三辆车加大油门，在虹桥机场上演了一场现场的追车秀，总算有惊无险。机场的送客制度不同于火车站，我们在安检门前和欧阳、玉华一一告别。离别在须臾，人来人往的机场里，唯有我们带着笑执手相看泪眼无语凝噎。等一架架飞机从头顶掠过，我们用手遮着阳光，看着钻进云层的飞机，暗自揣测，那是不是欧阳抑或玉华的班机？此去一别，不知何日才能见面？

最后是去十六铺码头送许雷。有同学唱起了戴军的《阿莲》，起初的时候，还能听到许雷在甲板上和我们齐唱，当客船渐行渐远，许雷的声音越来越弱。我们扯着嗓子，到最后，也没有歌词了，只是拼命叫着，不知道是阿

莲还是阿雷。许雷站在甲板上，拼命挥手。尽管看不清，但我相信，定是泪流满面。

送行的队伍越来越小，到最后，只剩下赵班和小吕。赵班是班长，理所应当地负责送完每一名同学。小吕考上了系里的研究生，暑假被导师留下来干活。直到送完风华儿，我们仨挤在一辆摩的上，晃晃悠悠，一路无语，我知道，我也要离开校园了。

那天，我看着阿姨锁上十舍的大门，再留恋地望一眼校园：别了，我的本科生涯。等我两个月后再次回到校园，开始的就是我熟悉又陌生的另一种华理生活了。

自古多情伤离别。1997 年一别之后，很多同学竟然是再也没有相见，我写这篇小文的时候，竟然想不起一些同学的名字了，依稀还记得当年的脸庞，也不知现在的他们还好吗？从别后，忆相逢。今年是分别后的第 20 个年头，可还会回到当年的校园，把盏言欢，秉烛交心，聊一聊 20 年前的如烟往事，侃一侃 20 年来的江湖风雨快意恩仇，然后相视一笑，恍然就看清了生活？

留言 送别

小蕾
忽然，看哭了……

徐颖
插图果果（强）

于局
插图棒（赞）

老大
记得这么清楚。

May
我每次读都觉得自己是失忆了，要么喝了孟婆汤了？

晓南
十六铺还在，客船已经没了。

郭老师
往事随风。

远人
看了标题就已经足够感动。谁不喜欢相逢？相逢时欢喜里注定藏着忧伤，就是要送别。谁喜欢离别？唯有期待再相逢稍可抹去离别的伤感。别亦难！

| 太阳转身
相见时难别亦难。

Colin
果果的插图好棒，甚至有种可以节约好多文字与感怀的效果，相应的，没有美妙文字的铺陈，图画也是不易感受的。相映成趣！

阿缨
大致记得，细节模糊，码头唱歌相送印象很深，因为回来之后嗓子哑了很久。

一刹人流，
满是别离愁；
忍阻回头，
目送征轮远去。

1. 毕业晚会
2. 大礼堂
3. 红烧肉
4. 华理食堂
5. 十舍
6. 华理的路
7. 大草坪
8. 青春河
9. 图书馆
10. 体操房
11. 那些活动
12. “室”外桃源
13. 校医院
14. 1234567
15. “攀登”与“奋进”
16. 广播台
17. 50路&111路
18. 那些花，那些果
19. 梅陇镇
20. 送别

华东理工大学

徐汇校区手绘地图

新闻：



## 国企 930 班返校聚会

犹记当年相送，笑言泪眼与共。廿年光阴转动，十月归意渐浓。浓荫低树芙蓉，旧时风光梦中。再见相思面容，想必别样艳红。

2017 年 10 月 14 日，商学院国企 930 班的同学们从海内外早早回到熟悉的校园，共同庆贺母校 65 周年校庆，纪念毕业 20 周年。

上午九点，同学们陆续抵达熟悉的三阶下，一如当年初入校时，大家满怀着激动与好奇的心情，逐一走过校园的每一个角落。从三教到一教、四教、七教，从大草坪到大操场、大礼堂，从图书馆到十舍、十五舍……大家兴致盎然，边走边聊，寻找着 20 年来校园里的变迁。

十时许，大家集中于大礼堂，参加学校校友会召开的“1997 届校友返校大会”。校发展与联络处处长李建伟老师向全体校友介绍了华理 20 年来的发展，国企 930 班的任鲁海作为校友代表发言。他的发言也代表了全体校友的心声：无论何时何地身处何位，总是忘不了当年师长的谆谆教诲，忘不了“勤奋求实”的校训。

中午，大家如愿以偿地吃上了心心念的红烧肉。熟悉的华理味道再次勾起了大家对当年校园生活的回忆。饭后，大家漫步校园，在商学院校友发展中心主任袁竹君老师的带领下，同学们兴致勃勃地参观了装修中的商学院大楼。大家逐层而上，参观了阶梯教室、案例室、办公室……对崭新的教学环境赞不绝口。

下午三点半，按照事先约定，20 年前的班导师、辅导员、任课老师们来到三阶下与各位同学见面。当年年轻的老师们如今都已两鬓斑白，但每一位老师依然能够准确地叫出同学们的名字。班导师费梅苹老师、高杰老师，学工委主任沈铁群老师、辅导员董临萍老师、《中国经济》任课教师吴柏钧老师、《人力资源管理》任课教师黄维德老师，同学们还像当年一样，端坐于教室，再次静心聆听老师们的教诲。大家一起追忆过去，聊到当年淘气的细节，不觉会心大笑。

晚上，大家齐聚友谊餐厅。结束了一天课程的老系主任郭毅老师特意赶来，为的就是与国企 930 班的各位同学叙叙旧。摇曳的烛光下，大家仿佛又回到 20 年前。

饭后，同学们意犹未尽，尽管如今已为人父母，已是行业翘楚，却仍然似当年的青春少年，来到校体育馆，来了一场乒乓友谊赛。

相聚的时光总是短暂，大家依依不舍，相约来年再会。就似任鲁海校友在学校大会上所言：

廿年光阴常思量，图书馆，大操场。第二食堂，红烧肉正香。男女宿舍各两旁，开水房，显沧桑。

主席挥手气宇昂，商院楼，新开张。咖啡书香，河畔读书忙。93学子心所向，大礼堂，恩难忘。

番外一：



# 从今天开始向往十年之后

今年是母校 65 周年校庆。作为学校的传统惯例，邀请毕业 20 年和 30 年的校友返校。我们这群 1993 年进校、1997 年毕业的同学们，也如约回到学校。虽然是一个简单的返校活动，但是我感觉到，同学们对于这一天的期待，如同儿时期待春节一样，是那么的强烈！每个班的同学，都在班级群里开始了热烈的讨论，一大堆怀旧的照片也涌现出来，大家都做了精心的准备来迎接这个庄重的、充满情感的返校日。

在 10 月 14 日返校日当天，美丽的华理徐汇校园除了学校精心准备的校庆景观外，更多的风景是以班级或者院系为单位的统一服装，相约默契的各类造型，还有充满了笑声和喜悦的一簇簇人群。无论二十年间团聚过还是未曾谋面，那种与华理文化相融的气息瞬间就会流入每个人的血管里，那种久别重逢的喜悦瞬间便会穿进每个人的心田。这个时候最应景的是一起品尝学校精心准备的校庆餐，回味一下咱们的红烧肉，舍不得吃的校庆月饼拍好照片存放在衣兜里。然后一起去当年生活的宿舍，学习的教室，还有谈恋爱的大草坪……

在这些可以预期的兴奋与惬意之外，我们 97 届的校友们还收获了特别的礼物——《华理廿忆》。这本书是我们 93 级商学院的朱姝同学的用心之作，她用心用情地回顾了我们当时四年的大学生活，从学习到生活，从课内到课外，从活动到实习，每一个回忆内容都会勾起我们的回忆，引起我们的共鸣。

我记得那时候的朱姝是我们年级鼎鼎有名的主持人，第一次见到是一次演讲比赛，那语言，那感情，那感染力，让我们感动，也让我们记住了这个才女，就像如今著名主持人董卿给我们的印象一样。

我毕业后也长期在学校工作，虽然期间离开七年又回到母校工作，却一点也不觉得生疏，反倒更加亲切和默契了，相信大家一定也有这样的感受。在《廿忆》还没有出版前，有幸通过朱姝同学的微信先睹为快，每一篇每一句都可以勾起无限美好的记忆。很多校友都希望能够尽早看到《廿忆》的正式出版版本，因为这本书不仅仅是一次回忆和记录，更是用心穿越用情表达的场景。衷心希望我们 97 届的同学们通过返校通过这本书，可以更加有情感有热情地面对生活和事业，争取更大的收获，也为母校添彩。此刻，我甚至开始畅想我们三十年返校的场景，憧憬更多的精彩，送上更美好的祝愿。

从今天开始，让我们向往十年之后的相聚。

华东理工大学93级校友

胡宝国

番外二：

# 祝我们生日快乐！

——毕业 20 年返校有感

题记：华东理工大学，是我的母校，我在这里度过了从 18 ~ 23 岁的 5 年。现在回头看，大学的这段时间，决定了一个人的人生轨迹，这样的说法，一点也不夸张。2017 年 10 月 14 日，大概有 1000 多位 97 届毕业的同学，阔别 20 年重回母校，我也是其中的一个。人都是这样，睹物生情。突然想写点什么，写给一些很想见，却见不到的人，也写给自己。

2017 年的 10 月 14 日，我们回到了母校。我们像刚刚报到的新生一样，观察着这个曾经熟悉，现在又有些陌生的校园。我们一边游走，一边回忆着当年的点滴，寻找 20 年的变迁和如故。我们留意着身边走过的每一个同龄人，希望在记忆的深处找到与之相似的模样……六教、四教、电教、办公楼、基础部、大草坪、三教、实验楼、一食堂、三食堂（当年看女生的地方），还有大礼堂……这一天的校园里，记忆，被1000多人同时打开，它们肆无忌惮地涌出来，弥漫着……

在大礼堂的门口，感谢学校的组织者，把我们这届毕业照片喷绘成了一堵照片墙，让我们每个人都有机会在这面墙上，寻找自己，寻找着那些曾经熟悉的脸庞。

20年了，当年的那些同学们，你们现在还好吗？刘志勇、赵狗德、大宝、汪洋、德卢比、刘侃、王涛、王星联、王进、李坚、小梅子、张宏、朱姝、刁杰、刘馨、吴岚……抱着吉他的项知廉、唱着张信哲歌的葛成、小蔡、走上仕途的俞路……还有董义、孙冰照、徐风华、任鲁海，和射击队的老乡詹谊军、朱姝的搭档欧阳、焦伟红……（如名字写错，请谅解），你们现在还好吗？今天，我想你们了，想和你们一起喝酒。

另外，有5位同学（我不希望更多了，这个数字），他们已经离开了，我们的这个世界。踢球一流的韦唯，山东大个子的国庆祥，机4班的邓立东，喜剧社优秀上海女孩虞冰。还有化学系的张倩颖，那是2003年，在张阿毛的葬礼上没有哀乐，大厅里播放的是苏芮的《亲爱的小孩》，这是给她听的最后一首歌，这也是我毕业之后唯一一次落泪……

从此不忍再听苏芮的歌……

让我们为他们祈福，

祝你们在那边过得好。

20年后，我们又重新走进这座礼堂，尽管已经翻新，但是往日的轮廓还依稀可辨。我发自内心地想，如果有可能，学校一定不要把这个礼堂拆掉。如果它还可以使用的话，就这样，就这样一直让它存在下去吧（还有那几栋宿舍楼）。它们有永久存在的意义，那是我们一届一届学生，青春的纪念册。

关于大礼堂，朱姝的《华理廿忆》里，几度提到了它。当年，我们一起经常在这个地方混。并且，十分投入地构思了一场97届的毕业晚会，那是一场很特别的演出，特别到20年后的今天，我们依然会为那场演出中的创造，而有些小小的得意。我，有幸参与其中。

从起名字开始。这场毕业生的晚会，我们把它叫《在我们青春的纪念册上》。“在……上”，在语法里，是一个纯粹的状语，而且很长，用它来做演出的名字即便是今天，也是很少见的。这类似于“在一个阳光灿烂的午后”，“在写满谎言的天空上”，“在浩瀚的海面上”，“在月黑风高的夜晚”……“在我们青春的纪念册上”，这是老刘的杰作，开始刘志勇说叫“青春纪念册”，我大概说要有点仪式感之类的话，老刘说那就叫“在我们青春的纪念册上”吧。文字的张力，就在点滴之间，如果让我们今天重新评价这个名字，我们还给满分。

录了200位同学的青春感言的录音，每人一句话。我们抱着广播台借来的录音机，满学校里找人，一个个提问，“你这4年里最难忘的是什么？用一句话概括一下可以吗？”200多段，最后选了20段，作为节目之间的串联。石油加工系的一个大胖子，在8舍门口被叫住采访，面对录音机一下子语塞，操着东北口音说“你先把它关了，我再想想”……后来，在黑暗中的大礼堂中，这一段段没有逻辑，但都发自内心的声音，成为那一场晚会最拨动人心的音乐。我个人认为，这不可能被超越，因为，那是我们自己的声音。

两张海报。毕业后，我一直在做广告，有很多脍炙人口的成功之作。有人问我，你最得意的作品是什么？我说，我最得意的广告，是在学校里做的两张海报，关于我们毕业的两张海报。一张是这次演出的预报，那一年夏天，学校南京路的广告墙，被铺满白纸，精细专业的王东辉书法写得不错，但是毫无用处，因为这次用的不是毛笔，而是拖把——今晚大礼堂。五个字，写满一墙。那一晚，毕业晚会在大礼堂开，其实不用海报，也会座无虚席。

第二张海报，是这张两个字的“走了”。当时小蔡、张宏找我和老刘，说我们这些人要再发出点什么声音，给学校留点什么，说是晚会的费用还有点没用完。老刘说，那就再写一面墙吧。想了好些话，都不来劲。我说，干脆就写两个字——走了，大家说好。写完了以后，我们在上面签名。后来，这张海报在南京路广告墙上，创纪录地完整无损地保持了一个月，学校里所有社团通知、广告都不忍覆盖在它上面。因为，这个海报上，最后签了 2000 多个毕业生的名字。几乎每一个毕业生，都自然而然地在这堵墙前面拍照。它不是一张海报，而是我们自己四年光阴的纪念。

关于最美背影的一段台词。这是毕业生晚会上，由朱姝主演的最后一个节目。后来，朱姝在回忆中提到这件事，说我当时“忽悠”她演出这个角色，说我的原话是“我们要给 93 级全体毕业生留下一个最美的背影”。我很佩服自己，竟然能说出这么让人无法抗拒的说辞。这个节目，讲的是一段似有似无的爱情故事。临别前的最后一个晚上，一个女生叫谢菲（朱姝演的），一个男生（欧阳演的，好像叫什么陈康，记不清楚了）。两个人都是自己寝室里坚守到最后的人。男生说，我是第一个到宿舍的，我想最后一个走，把他们都送走，把宿舍收拾得干干净净，就好像明天他们都还会回来上课一样（这段话相当有号召力，97 届毕业生的宿舍，一改以往毕业生宿舍的狼藉，很多宿舍都被收拾得干干净净，仿佛大家都没有离开一样）。后来男生说，第二天要去火车站送女生，女生说，我是一个人来到这个城市的，我也想一个人离开。结果第二天，男生犹豫再三，还是来到火车站……但是，在火车站里，两个人最终还是没有见到（这是我当年编的一个狗血青春剧的情节）。

舞台最后是一束追光打在朱姝的背影上。我还记得几段台词——

> 1. 我在人群中寻找谢菲，但是我知道我的努力是徒劳的……
>
> 2. 汽笛声响起，列车已经缓缓启动。我停下脚步，车厢从我身边一节节驶过……突然间，一个熟悉的身影从我眼前一闪而过，本能的，我挥起手，这时候，两行温热的泪水，从我的脸畔滚落下来……

我在舞台的角落里，一盏台灯下，读完了这段旁白。

舞台上是朱姝一个人的背影，其他的灯光全部暗下来。在麦克风里，我用我特有的五音不全的嗓音，哼唱起“曾经深爱过，曾经无奈过，曾经艰难的选择，魂断梦牵的岁月，留在记忆里永不褪色……”黑暗、安静的大礼堂里，1000多名同学，听着我五音不全的歌声，竟然没有一个人想到要喝一声倒彩，我能想象，实在是太难听了。但听上去，可能别有一份惆怅吧。

呵呵，一晃已经20年过去了。说实话，当年的这些创造，点点滴滴都发自内心，我们一群人，小蔡、老刘、朱姝、张宏、陈峰云、老戴、董义、项知廉……我们不懂专业，不懂技巧，纯粹是一群年轻人的热情和灵性，现在回想起来，这些才是最令人神往和珍惜的。

今天，我们又重新回到校园。人只有回到原点的时候，才更容易想到要梳理过程。

20年前，我们走出这个校园，那一年，我们0岁。

我们是一群初生的婴儿，我们开始从另个视角感知这个世界。我们触摸它，感受它的严峻、温暖、冷酷和柔软；我们品尝它，体会它的酸、甜、苦、辣。我们渐渐学会理解它，适应它。

20年来，我们经历了艰难、快乐、痛苦，以至于磨难，我们欣然接受，岁月的馈赠。这些都是我们人生的必然，它们，让我们成长、成熟、丰满、豁达，让我们从婴儿，变成一个有故事的人。

20年后的今天，我们20岁。对我们这个年龄段的人，拥有梦想，并去实现它，是多么美好而重要！是要去做一些有意义的事情了，曾经想做而没有做的。看淡成绩、获得和财富……相比一颗20岁的年轻的心，一颗还有能力梦想的心，这些都无足轻重。只要梦想未曾远离，每一段人生都可以熠熠生辉。

20年后的今天，我们20岁。祝我们生日快乐！感谢20年，感谢华理，给了我们一个共同的生日。

我们活着，承诺着，努力着，兑现着，欢乐着……祝我们20岁生日快乐！

华东理工大学93级校友

焦章祺

2017年10月

# 后记

我在公众号上推完20篇回忆文章时，曾经在朋友圈里对大家说，回忆会暂告一个段落，等下次再起笔，就是番外了。未曾想，番外来得如此之快，但却又在意料之中。20多年的华理情，沁入骨髓，有太多太多的故事，太多太多的人，太多太多的东西。那种情感，就像二十多年前王老师所说：就像满闸的潮水，静待着开闸的那一刻，喷涌而出。

的确如是。

初时动笔写文，是缘于今年恰好是毕业20周年。我是习惯于耕耘在文字里的，那种写作时的安静会让我忘却一切繁杂，平心静气，世间安好。所以想用这种方式怀想过去，留下对当年青葱岁月的想念，致敬年少时代。未曾想，公众号开通以后，倒是吸得一批认识或者不认识的校友，甚或还有在华理、在梅陇长大的“二代”“三代”们，后台留言里也尽是对学校、对小镇的眷恋之情。这无疑更激发了我的写作热情。感谢这些读者的鼓励。此次成书，我选择部分留言一并入集。

感谢校友们的支持，让我最终决定将这些文字付印成册。

我刚刚推出《毕业晚会》的时候，彼时刚通过陶儿与“失联”多年的绯绯微信上。她在澳洲的家里使劲儿夸我，说为啥自己都记不住那些细节？感觉自己“读了一个假华理”？她一如当年，诱惑我“再出本书吧，关于华理，关于匆匆的那些随青春一起逝去的岁月。如果有那一天，我一定买上一打，请你签名送给那些曾经在华理一起挥洒过青春的同学们”。我莞尔，想起当年刚毕业留校，与绯绯同居一室。初识的羞涩令我们小心地掩饰着自己的淘气，每日里轻声细语扮作淑女，早出晚归认真工作，甚至比学院大楼里烧水的阿姨去得还早。及至那年校庆日，风华儿返校看我，三人坐在八舍 327 室里神侃，聊到当年公认的一名 94 级小帅哥，突然找到了共同话题，自此认清彼此，认定了对方，互为知己。惭愧啊惭愧！

老焦在看过我的推文后，心心念其中某些情节，再三央我“稍做调整”，善意地提醒我，好歹现在“也是有身份证的人了”，并许诺一旦成书，自己会包销若干。我当然不允，自是坚持我的原则：就是要原汁原味地还原 20 年前。老焦遂将包销数量翻倍，拒绝。再翻倍，依然拒绝。最终，老焦许诺亲自写一篇文章呼应我的《毕业晚会》，念及可以再一睹老焦的文采，我欣然答应。所以有了《祝我们生日快乐》。老焦在美篇上发了又发，改了又改，一天之内朋友圈里连发三遍，我都不好意思再去点赞。不过，此文一发，倒是又掀起了一股怀旧的浪潮，老焦的哥们儿连夜翻箱倒柜将压箱底的照片晒出来炫，那几天，老焦神清气爽，可劲儿地埋汰我。我的代号俨然成了“背影”。

今年10月14日毕业20周年返校时，当年校学生会成员在三阶下小聚片刻。宣传部部长杨剑明依然保持了当年的风格，与学术部部长王晞搭档，一唱一和。剑明是93级的“鬼才”，写得一手蝇头小楷，英语踉踉跄跄，说得还不如日语；明明高数物化都有补考，但对于二阶偏微分方程、熵变、焓变却信手拈来；毕业后又赴法留学，据说还受到了法国前总统吉斯卡尔·德斯坦（密特朗前任）的接见。剑明翻看我的廿忆小样之后，主动请缨，说可以再提供一些素材，让文字更加丰富。我自然欢欣不已。10月27日，剑明从台湾出差归来，特意在繁忙的工作之余，拨通号码，破天荒地与我煲了一大锅电话粥。细心的他用笔将小样中的每一处错挑出来，并逐页逐篇对相关文字做了补充，相应地又提供了许多素材。我很认真地一一记录下来，并适当地对原文进行了增删、修改。剑明在电话那头时不时停下叙述，问：“你有在记吗？”我在电话这头禁不住笑弯了腰……很感动，感动诸位兄弟的倾情相助，也让我再次感受到93级的团结与温暖。

剑明的诗词功底毫无疑问也是一级棒，他万般嫌弃我的打油诗，自告奋勇要根据我的原意填词一首。我自是应允。他放弃周末休息，未改韵脚又作了首《清平乐》——将原诗“犹记当年相送，笑言泪眼与共。廿年光阴转动，十月归意渐浓。浓荫低树芙蓉，旧时风光梦中。再见相思面容，想必别样艳红。”换作“那年相送，泪水丝绢弄。谁料光阴轻转动，一恍青春如梦。 十月金桂芙蓉，梅陇醉酒腮红。勤奋求实与共，万千往事随风。”比之原先的打油，瞬间有了屌丝逆袭的感觉。既然他把校训都写进去了，所以我特意将其放在了首页。

风华儿在留言里说，我是大家“记忆的储备箱”。其实，和陈峰云、焦伟宏比较起来，真是自愧弗如。我不知道是否还有其他同学，反正从他们提供给我的资料看，他们保存了当年的每一张纸片、曾经的金龙卡、饭盆、热水瓶、毕业晚会的节目单……峰云甚至保留了当年的每一期《华东理工大学周报》！这些，都是对那时时光的最好见证。

宝国也提笔写了一篇小文，他现在的身份是华理的副校长，不过在我们眼里，他依然是当年那个勤勤恳恳的男孩儿。说来惭愧，在读书的时候，我属于比较宅的，所以和其他学院同学的交流不是很多。和宝国相熟，应该是毕业留校以后了。我俩同时留校，我在商学院，他在团委。因为工作关系，我们逐渐熟稔，也逐渐了解。宝国总是在我们需要的时候把事情已经做完了，是我们那时团委著名的百忧解。也有顽皮的时候。我记得那年我们去千岛湖开会，电梯满了，男生必须走楼梯，我们暗自得意，可以在男生之前进餐厅，却未曾想，电梯在每层都安安静静地打开，楼道里空无一人。等我们抵达餐厅时，男生们已经占据了有利座位，朝着我们哈哈大笑。真相是在下楼时，宝国按了每一层的按钮。

我结婚的时候，宝国是我的婚礼主持人，那是我第一次见识了宝国的口才，妙语连珠啊。联想到老焦他们，真心觉得华理的理工男真的是做得了实验、写得了文章、说得了相声、演得了小品、唱得了歌曲，无所不能啊！

就像宝国写的，他在学校工作一段时间后，调至教委，在大学生德育工作方面颇有建树。去年，宝国再次回到华理。兜兜转转，绕不过的华理缘啊！

我央老大作为校友为我这本随笔写序。老大欣然答应。作为我们班，甚至我们这一届的风云人物，老大的气场即便是在20年后的今天仍是无人企及。我依然清晰地记得郭老师曾经当着全班宣称“老大是真男人！”所以，当我们步入大四还在苦苦听讲座攒学分的时候，老大已经在郭老师的推荐下去了彼时著名的国有企业恒源祥，早早过上了领着工资谈判销售拿订单的职场生活。后来那则著名的“羊羊羊”广告创意便是出自老大之手，因为此，果宝也一直对“羊羊舅舅”崇拜得不要不要的。老大只身一人在上海滩闯荡，几乎是一年一个样，愣是从毛头小伙成了集团副总裁，当之无愧地成了“上海市青年经济人物”，自然而然地成为杰出校友，从开学典礼、毕业典礼，一路致辞到今年的校友返校大会。（他现在的愿望就是哪天能作为新生家长致辞。）商学院校友发展中心主任袁老师让我推荐发言代表时，我理所当然地报了老大。我很认真地告诉袁老师，他不仅仅是我们班的老大，也是93级的老大。事实如此。所以，当老大一口应承，答应为我的这本集子写序时，我故作淡定嘱咐“认真写啊”，其实心里早就雀跃不已。老大在写作期间发了好几次微信，与我求证当年的细节，言“半夜爬起写作，担心写不好。”真是谦谦君子，太谦虚了。

风华儿是我这些文字中出现频率最多的名字。大学后两年，我俩同一间宿舍。也不知从何时起，就变得形影不离像连体婴儿。甚至那时候学生会开会，董老师说，只要给我俩中间一个打电话，必定可以通知到一双。当年的风华儿一头短发，会教我说嗲嗲的无锡话，在赛道上英姿飒爽，私下里却写得一手好文章，是当年《化工青年》的知名编辑，商学院院报《太阳桥》的主编。毕业后再见伊人，却是长发飘飘，一袭长裙，分明是明艳妩媚的江南美女嘛！我被她的笑晃了眼神，只有听到熟悉的“朱朱”的呼唤声，方才缓过神。

除却同学们，其实我对当年的老师们、上过的课程也是念念不忘啊！这次返校，当年的老师们也回到校园。当年年轻的老师们如今都已两鬓斑白，但每一位老师依然能够准确地叫出同学们的名字。班导师费梅苹老师、高杰老师，分管学生副书记沈铁群老师、辅导员董临萍老师、《中国经济》任课教师吴柏钧老师、《人力资源管理》任课教师黄维德老师，同学们还像当年一样，端坐于教室，再次静心聆听老师们的教诲。大家一起追忆过去，聊到当年淘气的细节，不觉会心大笑。

我真心想念那些老师啊！

比如程导。那个始终风风火火的老太太。我记得初入校时，就是她霸气地宣称："考进华化怎么了？你们就是最棒的！"程导用自己的方式让我们尽快适应大学生活。她会自己支付课酬，请英语系最好的老师将我们分成快、慢两班，每周雷打不动地开小灶上口语课；会请在外企工作的以前的学生给我们讲职场礼仪；也会带着全班挤地铁一路"杀"到当时著名的办公楼上海商城，听当时在摩托罗拉等知名企业供职的师兄师姐们和我们讲一讲白领的日子，第一次听师姐在讲话途中停下接起电话，柔柔地对话筒那头说："我在 meeting 啊！"惊艳了一屋子的青豆。程导也会在课后打电话到宿舍，逐个叫同学们去她家里谈话，话题绕不开个人的学习、实习、今后的打算。化工一四村那条小路于我们都铭记在心，那是通往程导家后门的路。2005 年的时候，大家毕业后再聚，程导已是两鬓白发，依然如当年风风火火，还在操心着同学们的发展。未曾想，那竟是最后一面。之后，却是从孙哥哥处得知噩耗，整个人都蒙了。据说，在最后的日子里，程导坦然面对，放不下的还是班级里几位同学的工作，她不顾自己虚弱的身体，仍然利用自己的人脉为同学们的公司牵线搭桥招商引资……所以 2015 年 6 月 6 日，全班同学起早从全国各地赶到青浦墓园祭奠。20 多年过去，昔日场景还历历在目。做一名教师，能够这样被学生年复一年地惦记着，也是一种骄傲与幸福。应该说，我所有的关于大学班导师的概念都源自程导。我以为我会很平静地接受她的离去，殊不知，在她离开的十年里，我根本无法触及，以至于在学校的两次公开正式场合，一提到她，我竟然失声痛哭。那一天在墓前，我们全体同学排着队，依次向程导鞠躬。我想，我们每一个人的心情都是一样的。程导，安好！

比如郭老师。当年那叫一个帅气啊！用今天小朋友的话来说，那绝对是男神啊！在男生眼里，郭老师是神一样的存在。记得某年夏天，郭老师剪了板寸，一夜之间，所有的男研究生齐刷刷变成了板寸。

郭老师出了名的严苛，却是刀子嘴豆腐心，被狠狠骂过后，细细一想，却是至理名言。大一的《管理学原理》考试，清一色的判断题。当连打十道“√”的时候，几乎所有的人都慌了神。本着 half & half 的原则，答题纸上自然 ×、√参半。可实际上所有题目的答案都是√。考试结果可想而知。我们愤愤然。郭老师却一脸坦然：“将来你们是要做企业管理者的，市场形势会直接告诉你吗？那要靠你们的判断力！”跟着郭老师出去拜访企业的时候，看着我们的光脚凉鞋、圆领 T 恤，郭老师一副恨铁不成钢：

“正装正装，女生皮鞋不露趾，男生至少 POLO 衫。”我在暑假被叫到办公室参加课题讨论，郭老师盯着我身上的某品牌 T 恤，意味深长地说：“女人啊，要对自己好一点。”

郭老师亲自执教专业英语，采用的教材全是国外原版教材，厚厚一本上千页。最后考前复习，郭老师说，划个重点吧。全班雀跃。郭老师说，翻到最后的 Index，这就是范围，我在这里选 10 条考试。全班顿时傻眼，在将近 1000 条的 Index 里选 10 个！我至今记得那次考试是在一个寒冷的冬季的早晨，郭老师说早考早解脱，特意将考试时间放到了 7: 30。我记得有一道名词解释，用英语解释“熵”。

郭老师在上上下下几届的班级中，和我们班尤其融洽。可以唠唠家常，和老大、永菁、何镇长们开开玩笑，也会嚼着我买的鱼骨头零食赞不绝口：“你真会买东西，以后系里的零嘴全你负责了。”很是接地气的郭老师啊！

我工作后，郭老师语重心长地告诉我如何成为一名合格的老师。夏天上完课回到办公室，有郭老师提前准备好的洗干净的黄瓜和番茄，清凉解渴又解暑。所以那时候，全系的老师下了课都往办公室奔，嚼着黄瓜侃大山，一屋子其乐融融。

我也曾在周日被郭老师叫到办公室看文献，他在一旁用电脑查资料。我大气不敢出，保持一个姿势，愣是从下午一点坐到五点，等郭老师说“可以回去了”才发现，脖子已经僵硬无比不能动了。

2013年拍摄院庆视频时需要一名“有颜值有气质有气场”（导演语）的男教授担任主角。毫无悬念，郭老师当仁不让成为头号人选。甫一出镜，连导演都是倒抽一口冷气，默默地竖起了大拇指。

比如费导。第一眼望去，典型的温婉沉静、大家闺秀。说话总是轻声细语，会让焦躁的心一下子安静下来。那个时候逢中秋，老大会领着全班去费导家美其名曰“节前拜访”，其实是用一盒杏花楼换来费导家更好吃的月饼。那个时候，我们推推搡搡，在费导家乐成一团。费导和吴老师也跟着我们一起笑。我工作后一次穿一身绿色，路遇费导，费导亲切地说：“我说是谁那么春意盎然呢，原来是你这家伙。”

2014年体检，我坐在外面候诊。抬头一看，费导坐在一旁的沙发上，膝上摊开着一本书，安安静静地阅读。窗外有阳光斜射进来，瞬时觉得一室安宁，岁月静好。

还有沈老师，我们都习惯叫他老铁。他是当时学院分管学生工作的副书记。总是很严肃，却又时刻掌握着全院学生的动态。我们一直诧异他的情报网，明明头天晚上小心小心又小心了，可第二天一早，老铁还是能一一道来，情景再现，宛若他就在现场。老铁最令人难忘的就是打着手电筒，在校园里巡视，遇到晚归的情侣，会善意地提醒："同学，可以回去了！"今年聚会的时候，有老师和同学又翻出这段，老铁无奈一笑，说："你们都懂的呀！"

还有高老师，我们大三、大四进专业学院后的班导师。其实高老师是和我们一起离开学校的。我记得 97 年 6 月，高老师给我们开了最后一次班会，我们去买了一堆外卖凉菜，在老图书馆 101 室，摆了一桌子，以此为高老师饯行。一别 20 年，去年我去区里挂职，上班第一天，电梯门打开，高老师正站在里面，我一时感慨无比。10 月 14 日，高老师应邀如约而来，容颜几乎未改，他说："尽管已经离开教师队伍，但还是要来看看你们。"

还有陆老师，当时是我们的副系主任，可以把《市场调研》这门繁杂的课讲得通俗易懂。陆老师是统计学专业出身，他最牛的地方在于每次考后算平均分，只要扫一眼所有分数，立马就能脱口而出平均分，误差 ±0.01。陆老师上课总是慷慨激昂，还伴随着一个个身边的小故事。据低几届的学弟学妹们说，每次上陆老师的课，都会欢脱得拍着桌子笑疼了肚子。我今年整理书橱，翻出了03级小朋友在教师节送给我的贺卡，上写："亲爱的朱老师，陆老师最爱举例的'咱们系里最可爱的小朱老师'……"原来，我一直是陆老师的最佳案例。

还有《国际贸易》的钱老师，第一节课自我介绍：请叫我money；《应用统计》刘老师，最爱May Flower的案例，期中考试四道题，第一道就是打80分摸到大怪的概率，愁煞我这个连40分都不会的人啊；还有《营销管理》蒋老师，米色风衣那么儒雅的一个人，玉树临风站在七中（还是七大？）的讲台，淡然地看着在考卷上小心翼翼数着格子的我们：答对一题给1分，不答不给分，答错一题倒扣1分！那磨人的100个小空格啊！《运筹学》钱老师，左手插袋，右手在黑板上画上路线图，平静地问："是不是又晕又愁？"《生产作业管理》的刘老师，随手一画，横平竖直，一条条笔直的线路图，堪比打印，我们捏着尺子张大了嘴，满脸的不可思议……

也有遗憾的。

商学院的学生最羡慕的就是理工科的同学们身着白大褂匆匆走在去实验室的路上。脑补着他们站在操作台前，观测着试管中的变化，在报告里填写一串串的数字……那是多么的神气啊！绯绯听过我的描述，不以为然，痛心疾首地说我身在福中不知福，“有些实验是不能中断的，一待就是一整天”，“下工厂实习后，浑身的衣服散发着异味，能够熏晕一条街啊！”我不管，依然执着着对实验室的向往。明明实验室的老师是一边跟你讲着实验，一边用器皿彪悍地煮着方便面；明明是偷偷去老乡家摸一只鸡，然后在实验室熬上一锅鸡汤……（嘘！）

华理徐汇校区共有实验楼 18 座，我直到现在踏进的实验室还是屈指可数。

刚毕业那年，拗不过学妹的央求，熬了一锅甜汤陪她去实验 15 楼给她心仪的男生“送温暖”。巧的是，那位男生的指导老师是我的老乡。我把甜汤委托老乡转交，学妹心满意足地随我返回，却不知，我的老乡是那栋实验楼的“楼草”，我一时成为众怒犹不自知。现在想来，幸亏那时互联网还不普及。

今年 10 月，费林加诺贝尔奖科学家联合研究中心落户于华理。实验室办公室主任程院助邀我去参观化学院位于实验十三楼四楼的实验室。我欣然而往。电梯门打开，映入我眼帘的是一个全新的实验空间：洁白的底色，清爽恬静的蓝色调，绿意盎然的盆栽，穿着白大褂忙碌的同学们……程院助骄傲地说："化学，让生活更美好！"

可我心里想的是，华理，让生活更美好！郭老师在毕业聚会的时候对我说："你对这个班用情至深啊！"当然啊，就像老大在序言里所写的那样："作为华理的学生（本科、硕士、博士都是在华理完成的），以及在华理工作二十年的老师，想来华理的文化与精神、一草一木都深深地刻在了她的心底，融进了她的血脉，她已与华理融为一体，一切都与她息息相关。"

一晃 20 年，终于能够将我对华理的记忆，对华理的眷恋成文成书。其实这里面离不开所有同学、同事的鼓励，在此表示衷心的感谢。

其实在公众号上开始推送第一篇文章起，就陆陆续续不断有相熟或者不认识的校友关注，后台留言也一再希望我能够"多写一点"，"让我们一起回味当年"。甚或如焦伟宏、陈峰云，为我发来了珍藏至今的老照片。令我感动不已。

谢谢果果宝贝，会用自己稚嫩的画笔，为我的文字配上精美的图片。

感谢刘兴老师在图片绘制上的付出。感谢金晶同学，在繁重的学习压力下为我绘制了精美的手绘地图，以及20个场景的手绘插画，我们将择其部分印制成明信片，用图片见证华理的变迁。

感谢袁园老师、徐志伟老师、郜庆文老师，利用休息时间为配合文字选择场景拍摄，几乎跑遍了华理、梅陇的每个角落。

感谢档案馆王惠文老师，在炎热的夏季为我翻找材料，查找历史图片，尽最大可能地使我在这本集子里还原了当年华理校园的原貌。

感谢李建伟老师，在得知我这本小集出版后，热心地表示愿意通过校友会这个大平台，让更多的校友来共同分享这份回忆。

还要感谢王爱祥老师、刘军老师、牟小林老师，为本书的出版出谋划策。

感谢肖祥德老师的精湛设计，让这本回忆有了超凡脱俗不一样的气质。

还是用老大在返校大会上的发言作为此篇的结束吧：

廿年光阴常思量，图书馆，大操场。
第二食堂，红烧肉正香。男女宿舍各两旁，

开水房，显沧桑。

主席挥手气宇昂，商院楼，新开张。咖啡书香，河畔读书忙。93学子心所向，大礼堂，恩难忘。

今夜，我翻出了过去的照片，看着那一张张熟悉的笑脸，真是满怀感慨。亲爱的同学们，我真的好爱好爱你们。今夜，我想大家。

所有华理的人儿啊，我爱你们！

想起14日在三阶下，我们一拨人对毕业30周年返校的设计的构想，想起老焦在电话里对10年后返校的描述，就像宝国写的，我已经迫不及待盼望着十年之后了。

嗨，记着，我们的十年之约！

朱姝

2017年10月于励志公寓

图书在版编目(CIP)数据

华理廿忆 / 朱姝著. --上海：华东理工大学出版社，2018.10
ISBN 978-7-5628-5312-1

Ⅰ.①华… Ⅱ.①朱… Ⅲ.①华东理工大学-校友-回忆录
Ⅳ.①G649.285.1

中国版本图书馆 CIP 数据核字 (2017) 第 319939 号

著　　者　朱　姝
策划编辑　刘　军
责任编辑　金美玉
整体设计　肖祥德
插　　画　金　晶
出版发行　华东理工大学出版社有限公司
　　　　　地址：上海市梅陇路130号，200237
　　　　　电话：(021)64250306(营销部)
　　　　　网址：www.ecustpress.cn
　　　　　邮箱：zongbianban@ecustpress.cn
印　　刷　上海雅昌艺术印刷有限公司
开　　本　890mm×1240mm　1/32
印　　张　11
字　　数　168千字
版　　次　2018年10月第1版
印　　次　2018年10月第1次
书　　号　ISBN 978-7-5628-5312-1
定　　价　65.00元

# 华东理工大学
# 校友会

华东理工大学校友会（以下简称华理校友会）于2015年经国家教育部、民政部批准，正式登记注册为全国性社团组织，是由华东理工大学校友自愿组成的联合性、非营利性社会组织。

一直以来，华理校友会紧随时代脚步，始终坚持继承和发扬华东理工大学“勤奋求实，励志明德”之校训，紧密围绕学校建设“双一流”大学的中心目标，以服务校友、助力校友发展为宗旨，紧密团结海内外校友，切实加强校友与母校、校友与校友之间的联系，积极发挥桥梁纽带作用，锐意进取，扎实推进，不断强化校友组织功能，着力完善校友工作平台，深入推进“地方校友会、学院校友会、行业校友会”三位一体的校友工作体系，着力做好广大校友的联络工作，全心全意为广大校友服务，为学校教育事业发展和校友成长助力！

华东理工大学校友会
详细介绍，敬请扫码了解

华东理工大学校友会
微信公众号

# 上海华东理工大学
# 教育发展基金会

上海华东理工大学教育发展基金会（以下简称基金会）是经上海市民政局批准，于2011年正式注册成立的高教领域的公益组织。基金会的主要职责是接受和管理社会各界给予华东理工大学的捐赠，用于学校教学、科研、图书及信息设施的建设、更新，延揽中外名师，支持学科、实验室建设，奖励作出突出贡献的优秀教职工和品学兼优的在校学生，资助家庭困难学生，资助优秀师生参与国际学术交流，以及一切有利于促进华东理工大学教育事业发展的项目。本基金依法享有公益性捐赠税前扣除资格。

上海华东理工大学<br>教育发展基金会详细介绍

上海华东理工大学<br>教育发展基金会网站